Tercero Talavera, Francisco Iván

Conceptos básicos para manejar la complejidad / Francisco Iván Tercero Talavera. ---1a ed. -- Managua, 2016

ISBN 10: 1535542640

ISBN 13: 9781535542647

Derechos Reservados

Conceptos básicos para manejar la complejidad.

Francisco Iván Tercero Talavera

© 2016. Francisco Iván Tercero Talavera Auto-publicación

itercero9@gmail.com

TODOS LOS DERECHOS RESERVADOS. Este libro contiene material que está protegido bajo las leyes internacionales y tratados de derechos de autor. Cualquier impresión, reimpresión, distribución o uso no autorizado de esta material está prohibido. Ninguna parte de este libro puede ser reproducida o trasmitida en cualquier forma o por cualquier medio, electrónico o mecánico, incluyendo fotocopias, grabaciones o cualquier medio de almacenamiento o búsqueda sin el consentimiento explícito y por escrito del autor.

Fotografía de la portada: **María Gabriela Sánchez Tercero**

Dedicatoria

A mi esposa Auxiliadora

A mis hijas: Isabel Cristina y Cynthia María

A mis nietos: Sergio Iván, Andrea Cristina y María Gabriela

A mis yernos: Daniel y Tito

Agradecimientos

Especial agradecimiento a los diferentes autores de los libros y artículos citados en la bibliografía. Sus esfuerzos y conocimientos han sido fuente de inspiración para escribir este libro.

Agradezco a las siguientes personas que respondieron a mi solicitud de información sobre la problemática más frecuente en las organizaciones, permitiéndome así confirmar las raíces complejas de esos problemas. Doy las gracias a:

Wendy Abramson, Denis Alemán, Josefina Bonilla, Marianela Corriols, Connie J. Johnson, Freddy Meynard Mejía, Carlos Alberto Morales Castillo, Virginia Murillo, Oscar Núñez, Antonio Osorio, Manuel Rodríguez, José Saballos, Roberto Salas Corrales, Nour Sirker, Freddy Solís Díaz, Barry Smith, Gabriela Tercero Gómez, Cynthia María Tercero Rojas, Isabel Cristina Tercero Rojas, Sergio Tercero Talavera, Sergio Vado, Clelia Valverde, y Alonzo Wind.

El original de este libro fue revisado por el Ing. Sergio Tercero Talavera, la Ing. Cynthia María Tercero Rojas, la Lic. Isabel Cristina Tercero Rojas, el Ing. José Abelardo Sánchez y el Arq., MBA Víctor Tercero Talavera. Agradezco a todos ellos la buena voluntad con que hicieron sus revisiones y el haberme brindado muy valiosas sugerencias.

"La red de relaciones que unen a la raza humana a sí misma y al resto de la biósfera es tan compleja que todos los aspectos afectan a los demás en un grado extraordinario. Alguien debería estudiar todo el sistema, pese a la dificultad de hacerlo, porque nadie, pegando los estudios parciales de un complejo sistema no lineal, puede entender el comportamiento de la totalidad"

Murray Gell-Mann

Premio Nobel de Física en 1969

ÍNDICE

PRÓLOGO 15
INTRODUCCIÓN 19
Capítulo 1. DEFINICIONES, HISTORIA Y PERSPECTIVAS 21

DEFINICIONES: 21

Definiciones importantes: 25

Ejemplos de Sistemas Complejos Adaptativos. 27

HISTORIA 28

PERSPECTIVAS 36

Conferencias internacionales y otras actividades educativas sobre el tema 37

Capítulo 2. PRINCIPIOS DE LOS SISTEMAS COMPLEJOS 43

INTERCONECTIVIDAD E INTERDEPENDENCIA 44

¿Qué es más importante, los nodos o las conexiones? 45

¿Cómo se modifica la conducta de un sistema complejo? 46

RETROALIMENTACIÓN O FEED-BACK 47

¿Qué produce la Retroalimentación? 48

¿Qué se transmite en estos procesos? 49

EMERGENCIA 49

¿Cómo se define la Emergencia? 49

¿Cómo se originan las conductas Emergentes? 50

NO LINEALIDAD 51

¿Qué son los Sistemas Lineales? 52

Ejemplos de Sistemas Lineales 52

¿Cómo son los Sistemas No-lineales? 52

Ejemplos de Sistemas No-lineales 53

SENSIBILIDAD A LAS CONDICIONES INICIALES 54

El efecto mariposa 54

¿En qué situaciones puede observarse la sensibilidad a las condiciones iniciales? 55

¿Es fácil conocer todas las condiciones iniciales de un sistema complejo? 56

ESPACIO DE POSIBILIDADES 58

¿En qué consiste el espacio de posibilidades? .. 58

¿Cómo se determina el espacio de posibilidades?..59

Ejemplo de un espacio fase................................60

¿Es conveniente explorar el espacio de posibilidades?..61

¿Cómo explorar el espacio de posibilidades?... 63

CAOS, BORDE DEL CAOS, ATRACTORES.........64

¿A qué se llama Caos en Ciencias de la Complejidad?..64

¿Qué se conoce como Borde del Caos?.............65

¿Qué entendemos por un Atractor?..................66

ADAPTACIÓN 68

¿Cómo es el proceso de Adaptación?................68

AGENTES ADAPTATIVOS....................................72

¿Dónde se encuentran los agentes adaptativos?...72

¿Cómo funcionan estos agentes?......................73

AUTO-ORGANIZACIÓN 74

¿Cómo se define la Auto-organización?........... 75

¿Cómo se produce la Auto-organización?........ 76

COEVOLUCIÓN 81

¿Qué significa Coevolución? 81

¿Qué se busca con este proceso? 83

Puntos importantes de conocer sobre la
Coevolución... 84

Capítulo 3. ESTRUCTURA... 85

REDES 86

Dónde son visibles las redes............................ 87

Cuáles son los principios que gobiernan las
redes.. 89

Riesgos en la aplicación de la Ciencia de las
Redes... 94

Progresos en la Ciencia de las Redes
Complejas 97

Redes de Mundo Pequeño............................... 99

Tres tipos de Redes 100

Percolación en las Redes................................104

Efectividad de las Redes de Mundo Pequeño..106

Qué se está necesitando investigar más en este tipo de Redes 107

Redes Libres de Escala 109

Definición de las Redes Libres de Escala.............109

Dos leyes que se aplican en este tipo de red 110

Expresión gráfica de una Red Libre de Escala......111

Dónde pueden encontrarse Redes Libres de Escala 112

Algunas propiedades de las Redes Libres de Escala 113

PATRONES..115

¿Qué son y dónde se presentan?.......................115

FRACTALES... 118

¿Dónde se originó el término? 118

¿Cómo es un fractal?... 119

Importancia de los fractales 120

¿Cómo se pueden generar los fractales?...........121

Capítulo 4. PENSAMIENTO COMPLEJO 123
DEFINICIONES 125

PRINCIPIOS DEL PENSAMIENTO COMPLEJO 126

- Principio Dialógico 126

- Principio de la Recursividad 126

- Principio Hologramático 127

Conceptos básicos del Pensamiento Complejo... 127

Capítulo 5. LA DINÁMICA DE LA REALIDAD 143
EL CAMBIO 144

LA SORPRESA 147

LA INCERTIDUMBRE 149

LAS CONSECUENCIAS INESPERADAS 151

Ejemplos de Consecuencias Inesperadas 153

LAS PARADOJAS 159

LA AMBIGUEDAD 165

Capítulo 6. CÓMO MANEJAR LOS SISTEMAS COMPLEJOS 169
1. VALORES, CREENCIAS, EMOCIONES, INTUICIONES Y ACTITUDES 171

2. COMPRENDER LA GLOBALIDAD 174

3. ACEPTE Y APROVECHE EL CAMBIO, LA INCERTIDUMBRE, LA AMBIGÜEDAD Y LAS PARADOJAS 175

4. MONITOREE CONSTANTEMENTE........... 177

5. IDENTIFIQUE LOS PATRONES 180

6. EXPLORE Y PRUEBE..................................... 181

7. SEA ÁGIL, FLEXIBLE Y ADAPTABLE 184

8. OBTENGA MÚLTIPLES PERSPECTIVAS Y ATIENDA A LAS MÚLTIPLES DIMENSIONES..188

9. UTILICE AMBOS ENFOQUES 190

10. PLANIFICAR EN FORMA ADAPTATIVA... 191

11. RECUERDE QUE A MENUDO LOS RESULTADOS NO SON PROPORCIONALES A LOS INSUMOS..196

12. SUS ACCIONES TIENEN A LARGO PLAZO RESULTADOS IMPREDECIBLES 198

Capítulo 7. ¿EN QUÉ CAMPOS SE ESTÁ APLICANDO EL ENFOQUE DE COMPLEJIDAD?...201
EPÍLOGO... 207
Apéndice A. GLOSARIO DE TÉRMINOS USADOS EN CIENCIAS DE LA COMPLEJIDAD 209

APÉNDICE B: INSTITUCIONES DEDICADAS A LAS CIENCIAS DE LA COMPLEJIDAD 269
BIBLIOGRAFÍA: 285
ACERCA DEL AUTOR: 303
ÍNDICE TEMÁTICO 305

PRÓLOGO

"Nadie puede bañarse dos veces en el mismo río" afirmó hace más de 2000 años el filósofo Heráclito. Estamos inmersos en un mundo de cambios constantes. Algunos son cíclicos o periódicos, otros abruptos y sorpresivos; algunos son grandes y dramáticos y otros pequeños y aparentemente sin mucha importancia, pero no es así. Todos los cambios son merecedores de, al menos, nuestra consideración, comprensión y acciones.

El innegable avance de la ciencia moderna ha permitido que los seres humanos hayamos logrado progresos de singular importancia que cada día abren nuevas posibilidades de bienestar y ... también de desastres inimaginables. Esa es la realidad. Cuando buscamos lo mejor en nuestros campos propios, sin tener en cuenta las afectaciones que esa búsqueda puede tener en otros campos y en otras personas, nos encaminamos, quizá sin saberlo, a despeñaderos colectivos. El cambio climático, las guerras, el hambre, la injusticia social, están ahí, señalándonos que aún falta mucho por hacer.

Desde las últimas décadas del pasado siglo XX un nuevo enfoque, el de las Ciencias de la Complejidad y el Pensamiento Complejo, ha surgido en diferentes países de nuestro planeta ofreciendo una manera diferente de ver el mundo y comprender la cambiante realidad que nos rodea.

Ya son centenares de libros y miles de artículos publicados sobre estos temas, sin embargo el enfoque no alcanza todavía la difusión necesaria en muchos países. En el año 2013 escribí mi primer libro sobre este tema: "Complejidad: las ciencias del cambio y la sorpresa". Esta vez, además de presentar en forma más compacta los conceptos principales de estas ciencias incluyo también los referidos al Pensamiento Complejo, del filósofo francés Edgar Morin, un glosario actualizado de esta nueva empresa del saber humano y algunas sugerencias para la gestión de los sistemas complejos.

El libro está dividido en 7 capítulos. En el primero presento algunas definiciones y la historia de las ciencias de la complejidad. El segundo está dedicado a resumir diez principios de estas nuevas ciencias. El tercer capítulo describe cuál es la estructura común a los sistemas complejos, las redes, los patrones y los fractales. En el cuarto capítulo presento, extraídos de una publicación del Profesor Edgar Morin, los principios y conceptos básicos del pensamiento complejo. En el quinto capítulo muestro el desafío que tenemos al comprender estas nuevas ciencias: aceptar y aprovechar el cambio, la sorpresa, la incertidumbre, las consecuencias inesperadas, las paradojas y la ambigüedad, inevitables en estas rutas de descubrimiento. En el sexto capítulo he resumido algunas sugerencias que considero de mucha utilidad en el manejo de los sistemas complejos. El séptimo capítulo contiene un listado de los campos donde existen aplicaciones que ya están en marcha basadas en estas nuevas ciencias. Finalmente, en el libro he incluido dos apéndices. El apéndice A contiene un glosario de términos usados en ciencias de la complejidad, basado en glosarios del profesor Goldstein y del Instituto Santa Fe de los EE.UU y en artículos de otros autores. . El apéndice B contiene un listado de las páginas Web de los principales Institutos y Centros de Investigación esparcidos en el mundo, dedicados a las Ciencias de la Complejidad y al Pensamiento Complejo.

Cualquier mérito que pueda tener este esfuerzo divulgativo, reside en los autores que he citado a lo largo de la obra y cuyos logros son reconocidos internacionalmente. Los errores son míos, pero también es mía la intención de despertar el entusiasmo de otros lectores para navegar, con los ojos más abiertos, y el ánimo más alto, en este mar de la Complejidad.

Francisco Iván Tercero Talavera,

Nicaragua, Centro América,

23 de Julio de 2016

INTRODUCCIÓN

Desde los albores de la historia los seres humanos han tratado de encontrar respuestas a las múltiples interrogantes que la vida en nuestro planeta ha planteado sobre ellos. Haciendo uso de las creencias, conocimientos y tradiciones disponibles en cada época, las personas han buscado comprender mejor la realidad que les rodea. El inicio de la ciencia clásica a mediados del siglo XVI supuso un gran avance en esta búsqueda de respuestas.

Constantemente y en nuestra época con mayor frecuencia, nos enfrentamos a situaciones, misterios, confusiones, paradojas, dilemas, en los que la ciencia existente no parece ser suficiente para darles la aclaración deseada.

El paradigma científico Newtoniano, con sus características de determinismo, reduccionismo y disyunción, ha permitido lograr avances notables, pero a pesar de ellos, hay otra gran cantidad de preguntas que aún continúan sin respuestas.

Para complementar el paradigma mencionado, han surgido en años recientes las Ciencias de la Complejidad. Los principios de estas ciencias han nacido en los terrenos de la física, la química, las matemáticas, la computación y la biología, pero cada día se nutren y aclaran, en forma recíproca, de conceptos, conocimientos y prácticas de los campos de la sociología, la economía, la política, la psicología, las ciencias ambientales, la ecología, la filosofía, etc..

Para muchos, las Ciencias de la Complejidad, representan una nueva y enriquecedora manera de ver al mundo en su esplendoroso y rico tejido de interrelaciones y cambios constantes.

Las Ciencias de la Complejidad han sido llamadas las ciencias de la sorpresa, de lo súbito, de lo inesperado, las verdaderas ciencias de la realidad.

En el primer capítulo de este libro veremos algunas definiciones y la historia del surgimiento de estas ciencias.

Capítulo 1. DEFINICIONES, HISTORIA Y PERSPECTIVAS

"Creo que el próximo siglo XXI será el siglo de la complejidad".

Stephen W. Hawking

DEFINICIONES:

Las Ciencias de la Complejidad son las ciencias que estudian los sistemas complejos.

Aún entre los científicos que vienen estudiando estas ciencias desde hace varios años, no existe acuerdo todavía sobre una definición de complejidad y de sistemas complejos. Esos términos pueden tener diversas acepciones según la perspectiva desde la que se estudien. A continuación presento algunas de esas perspectivas. Si recurrimos a un diccionario encontraremos que se llama complejo a lo que tiene muchos elementos, muchas relaciones, lo que aparece complicado, difícil o confuso. El Premio Nobel Murray Gell-Mann, uno de los científicos más destacados en el campo de la complejidad, afirma que la "Complejidad efectiva es alta en una zona intermedia entre el orden total y el desorden completo". (Gell-Mann, M., 1995)

Gell-Mann pone como ejemplo de no complejidad una cadena de bits consistente en solo 1s (unos). Eso es algo simple, ya que es muy fácil describir su regularidad. Tiene pues, una baja complejidad efectiva. Por otro lado, si se tiene una cadena de bits casi sin ninguna regularidad, una cadena de 0s(ceros) y 1s(unos), sin regularidad excepto su longitud, su complejidad efectiva será también baja, porque no tiene regularidades. La complejidad efectiva estará entre estos ejemplos extremos, entre el orden completo (puros unos) y el desorden absoluto (ninguna regularidad de ceros y unos), estará, pues, en una cadena de unos y ceros que presenten muchas y diferentes regularidades. (Gell-Mann, M., 2002).

Para otro notable autor, Herbert Simon, Premio Nobel de Economía, sistemas complejos son aquellos compuestos de un gran número de partes que interactúan de manera no sencilla. (Simon, H. A., 1962)

Magee y de Weck, Profesores del Instituto de Tecnología de Massachussets dan la siguiente definición de un sistema complejo: "es un sistema con numerosos componentes e interconexiones, interacciones o interdependencia que son difíciles de describir, comprender, predecir, manejar, diseñar y/o cambiar". (Magee, C. L., de Weck, O. L., 2004)

No podemos afirmar que existe una Teoría de la Complejidad, dice la Prof. Eve Mitleton-Kelly, Directora del Programa de Investigación de la Complejidad, de la Escuela de Economía de Londres, quien declara que son diversas teorías originadas de varias ciencias naturales que estudian los sistemas complejos, tales como la biología, la química, la simulación en computadoras, la evolución, las matemáticas y la física, las que han dado origen a esta nueva ciencia. A los trabajos en ciencias naturales se han agregado en los años recientes investigaciones en el campo de los sistemas sociales. (Mitleton-Kelly, E., 2003)

La complejidad en esta nueva ciencia no significa algo complicado, ni sobredeterminado, ni la multiplicación de variables explicativas. Las ciencias de la complejidad son "una nueva manera de ver los fenómenos físicos, biológicos y sociales." (Cutler, R. M., 2002).

Es una ciencia interdisciplinaria y en su origen se han integrado conocimientos de las ciencias físicas, las ciencias sociales y las humanidades. Las ideas para esta ciencia han venido de campos diversos como la física, matemáticas y ciencias de la computación, biología, oceanografía, neurociencia, arte y arquitectura. (Sanders, T. I., 2003).

Definiciones importantes:

Ya que a lo largo del libro estos términos serán utilizados con frecuencia, presento ahora sus definiciones:

1. Sistemas: Son el conjunto de agentes que articulados entre sí comparten un objetivo común.
2. Complejidad: Es la calidad de entrelazamiento y comunicación entre diferentes agentes.
3. Adaptabilidad: La cualidad que permite a un agente (persona, órgano, organismo) a ajustarse a la conducta de otros agentes o del ambiente externo.
4. Sistema Complejo Adaptativo: "Un sistema de agentes individuales, que tienen la libertad de actuar en formas que no son siempre totalmente predecibles, y cuyas acciones están interconectadas de manera tal que la acción de un agente cambia el contexto para los otros agentes". (Plsek, P. E., 1997).

Visualicemos un ejemplo de Sistema Complejo Adaptativo

Imagine por un momento el tráfico vehicular que usted experimenta cuando se dirige a su trabajo. Carretera repleta, dos o tres filas de automóviles; conductores ansiosos por llegar pronto a su destino; semáforos en las esquinas; policías haciendo señales; motocicletas colándose en el mínimo espacio entre las filas de carros; triciclos y bicicletas sorteando a los otros vehículos; microbuses y autobuses presionando para llegar a la próxima parada; una madre con dos niños atravesando la calle; y otros peatones sorteando vehículos. Un kilómetro adelante un accidente de tres vehículos ha detenido por un largo tiempo la fila que creíamos era la más ágil; el bache en la carretera se ha agrandado por las lluvias de anoche; nuestro vehículo se ha recalentado y luces rojas se encienden en el tablero. Mil y una cosas más continúan sucediendo... Las acciones de cada uno de esos agentes se impactan mutuamente y el resultado exacto de esas acciones es más que la sumatoria de las mismas, es algo nuevo, y ciertamente impredecible. Aunque la situación parece caótica, los participantes en esta escena de todos los días, sin obedecer a un plan preestablecido, y sin una dirección externa clara, se auto-organizan. Hemos visto aquí un sistema complejo en acción.

Ejemplos de Sistemas Complejos Adaptativos

No importa hacia qué lado miremos, allí encontraremos algún sistema complejo adaptativo. Veamos algunos ejemplos:

1. El cuerpo humano
2. La familia
3. La comunidad
4. La economía
5. Los ecosistemas
6. Un ONG
7. El sistema de salud

8. El sistema educativo
9. Una ciudad
10. Un hormiguero
11. El tráfico automovilístico en una ciudad
12. Un hospital

HISTORIA

A finales del siglo XIX, Henri Poincaré, eminente matemático francés, desarrolló la solución al Problema de los Tres Cuerpos, para explicar la interacción recíproca existente entre tres planetas. Aunque resulta fácil decirlo, esto no había sido posible hasta entonces. Este notable logro matemático es señalado por muchos como el inicio de las Ciencias de la Complejidad.

Son muchos los científicos, provenientes de diferentes áreas de las ciencias, que han dado aportes muy valiosos para la creación de esta nueva rama del conocimiento. Ya mencioné a Henri Poincaré, con sus trabajos relacionados con las interacciones, el uso de la imaginación, y lo relativo a estructuras, sistemas y procesos. Debemos mencionar igualmente al matemático Kurt Godel, con su teorema de la incompletud y a Alan Turing con su experimento sobre la indecibilidad de las proposiciones matemáticas. (Maldonado, C. E., 2004).

Uno de los pioneros de las ciencias de la complejidad ha sido Ilya Prigogine, Premio Nobel de Química 1977, quien desarrolló los fundamentos de las estructuras dinámicas disipativas que serán abordadas más adelante en este libro. Eso permitió explicar el surgimiento "del orden a partir del caos y de la ruptura de la simetría en la dinámica de los sistemas complejos". Prigogine estudió los sistemas abiertos que, cuando están alejados del equilibrio, realizan intercambios de materia y energía con el ambiente que los rodea y de esta manera se mantienen en condiciones lejanas al equilibrio termodinámico. Surgen entonces nuevas estructuras y formas de organización a las que llamó "estructuras disipativas". En ellas, la reorganización se alcanza a través de un comportamiento coherente y cooperación de las unidades que conforman el sistema. Se producen acciones de orden y desorden. Producto de las interrelaciones entre las partes y del sistema con su entorno emergen propiedades nuevas, lo que origina que "el todo sea mucho más que la simple suma de sus partes". (Martínez, F., Ortiz, E., González, A., y Brito H., 2009).

Warren Weaver ha sido señalado como el primero en reconocer a la complejidad como una nueva rama de la ciencia (Kaptan, S., 2012). Describió los problemas estudiados por la ciencia como pertenecientes a tres tipos: problemas simples, con unas pocas variables; problemas de complejidad desorganizada, con millones de variables; y problemas de complejidad organizada, con un número intermedio de variables, de unas pocas a muchas. Este último tipo de problemas, afirmó Weaver, pueden encontrarse en la biología, la medicina, la psicología, la economía y las ciencias políticas. El futuro del mundo, escribió Weaver, depende de muchos de ellos y la ciencia debe, en los próximos 50 años, aprender a manejar estos problemas de la complejidad organizada. (Weaver, W., 1948)

La creación del Instituto Santa Fe, en Nuevo México, E.U.A., fundado por George Cowan en 1984, ha significado un logro notable para el desarrollo de estas Ciencias de la Complejidad. También ha sido fuente de importantes estudios relativos al tema, el Instituto de Sistemas Complejos de Nueva Inglaterra, New England Complex Systems Institute (NECSI).
En Europa hay trabajos de investigación sobre complejidad desarrollándose en casi todos los países de ese continente, y en América Latina, Asia, África y Oceanía, igualmente ya hay muchas instituciones practicando actividades alrededor de esta ciencia.

Muchas universidades en el mundo ya ofrecen grados en Sistemas Complejos. Igualmente se publican varias revistas científicas dedicadas en forma exclusiva al estudio de la complejidad. (Tercero Talavera, F. I., 2013)

En los orígenes de las Ciencias de la Complejidad se identifican dos escuelas fundamentales: la escuela Europea, que tiene sus bases en las ciencias físicas y la escuela Norteamericana que se sustenta en las ciencias de la vida, con un uso extenso de recursos computacionales.

Entre los estudios importantes aportados por estas dos escuelas se destacan:

En la Escuela Europea: La no predictibilidad de los sistemas dinámicos lineales; el problema de los tres cuerpos; la termodinámica no lineal; la mecánica estadística dinámica del no equilibrio; la irreversibilidad de los procesos en física; la complejidad y adaptación evolucionaria modelada vía dinámica estocástica de sistemas; la sinergética;

parámetros de orden y control; la auto-optimización; la auto-organización; transiciones de sistemas de turbulencia al orden; estructuras disipativas; caos; perspectiva multidisciplinaria; emergencia de la simplicidad de la interacción de caos y complejidad; creación del orden, de la física cuántica y la biología a la econosfera; argumentos contra la reversibilidad del tiempo, el determinismo de Einstein y el puro azar.

En la Escuela Norteamericana, importantes estudios se han realizado sobre:

La geometría fractal; el caos; las leyes de potencia; los atractores extraños; la sensibilidad a las condiciones iniciales; los orígenes espontáneos del orden biológico; los modelos de paisajes de adecuación; los algoritmos genéticos; emergencia y agentes coevolucionadores; teoría de las catástrofes; procesos de retroalimentación positiva en empresas y economías; modelaje computacional de estructuras emergentes; criticalidad autoorganizada; artículos fundacionales del Instituto Santa Fe; complejidad de superficie que surge de la simplicidad profunda de

Gell-Mann; aplicación de la complejidad en la economía; vida artificial; orígenes de las Ciencias de la Complejidad en el Instituto Santa Fe; historia de los orígenes de las Ciencias de la Complejidad en el Instituto Santa Fe; auto-organización en biología; sorpresas no lineales contra intuitivas en toda clase de fenómenos; evolución del pensamiento evolucionario desde Darwin a la biología de auto-organización. (Allen, P., Maguire, S., McKelvey, B., 2011).

De acuerdo a Ralph H. Abraham, del Visual Math Institute, en el origen de las Ciencias de la Complejidad pueden identificarse tres raíces: la [1]Cibernética (1946), la Teoría General de Sistemas [2](1950), y la Dinámica de Sistemas [3](1956).

---

[1] Cibernética: La ciencia que estudia el control y los mecanismos de regulación en sistemas naturales y artificiales. (Complexity Explorer, 2016)

[2] Se conoce como Teoría General de Sistemas al "estudio interdisciplinario que trata de encontrar las propiedades comunes a entidades, los sistemas que se presentan en todos los niveles de la realidad, pero que son objetivo tradicionalmente de disciplinas académicas diferentes. (Wikipedia, Teoría de Sistemas, 2016)

[3] La Dinámica de Sistemas es una técnica para analizar y modelar el comportamiento temporal en entornos complejos. Se basa en la identificación de los bucles de realimentación entre los elementos, y también en las demoras en la información y materiales dentro del sistema. (Wikipedia, Dinámica de Sistemas, 2016)

La Cibernética es el fruto del trabajo del "grupo cibernético" integrado por científicos de tres campos: matemáticas (Norbert Wiener, John von Neumann, Walter Pitts); ingeniería (Julian Bigelow y Claude Shannon); y neurobiología (Rafael Lorente de No, Arturo Rosenblueth y Warren McCulloch).

La Teoría General de Sistemas fue iniciada por el biólogo Ludwig von Bertalanffy a mediados del siglo XX.

La Dinámica de Sistemas se debe especialmente al trabajo del Profesor Jay Forrester y su grupo en el Instituto de Tecnología de Massachussets. (Abraham, R., 2002)

La otra rama de la complejidad es la del Pensamiento Complejo, que ha sido liderada por el filósofo y sociólogo francés Edgar Morin. Más adelante, en el capítulo 4, pueden verse los principios y conceptos básicos de este Pensamiento. Se propugna por la institucionalización del paradigma de la complejidad en el campo educativo a través de un pensamiento más integrador y no mutilante.

PERSPECTIVAS

La utilidad de las ciencias de la complejidad en diversas áreas de la sociedad es evidente. En el capítulo 7 de este libro puede verse una lista de campos donde ya existen aplicaciones de estas nuevas ciencias.

De la importancia de estos estudios se comenta en la página web del Instituto Santa Fe:

"Eruditos de la complejidad capacitados en el Instituto de Santa Fe están trabajando para comprender los patrones subyacentes a los sistemas más críticos para nuestro futuro - las economías, los ecosistemas, los conflictos, las enfermedades, las instituciones sociales humanas y la condición global. Para comprender plenamente estos sistemas adaptativos complejos, es necesaria un nuevo tipo de perspectiva que trascienda las disciplinas aisladas y desenrede los problemas más complejos de hoy en día con las teorías revolucionarias.

El estudio de los sistemas complejos a través de una lente transdisciplinaria ofrece un marco de gran alcance para educar a la próxima generación de científicos y mejorar la cultura científica de los ciudadanos." (Santa Fe Institute, 2016)

Conferencias internacionales y otras actividades educativas sobre el tema

Desde el año 2004 la Complex Systems Society (Sociedad de Sistemas Complejos) viene desarrollando, en diferentes ciudades del mundo, conferencias internacionales sobre sistemas complejos. La primera tuvo lugar en la ciudad de Torino, Italia y luego en los años sucesivos se realizaron conferencias similares en las ciudades de Paris, Oxford, Dresden, Jerusalem, Warwick, Lisboa, Viena, Bruselas, Barcelona, Lucca y la más reciente, en el año 2015, tuvo lugar en la ciudad de Tempe, Arizona.

Entre los principales temas abordados en la primera conferencia estuvieron los Biosistemas Complejos, la Emergencia de Comportamiento Coordinado, Ideas de Sistemas Complejos en Redes y Sistemas Complejos Interdisciplinarios. Fue al final de esa conferencia cuando se fundó la Sociedad Europea de Sistemas Complejos.

En la conferencia del año 2015, celebrada en la ciudad de Tempe, Arizona, E.U.A., participaron representantes de 58 países, de 185 universidades y colegios, de 20 laboratorios nacionales de investigación y de 48 fundaciones, institutos, agencias, organizaciones y empresas. Los temas principales fueron:

- **Fundamentos de los Sistemas Complejos** (redes complejas, auto-organización, dinámica no lineal, física estadística, modelaje matemático, simulación).

- **Tecnologías de Información y Comunicación** (Internet,
- WWW, investigación, web semántica).
- **Lenguaje, Lingüística, Cognición y Sistemas Sociales** (evolución del lenguaje, consenso social, inteligencia artificial, procesos cognitivos).
- **Economía y Finanzas** (redes sociales, teoría de juegos, bolsa de valores, crisis).
- **Infraestructura, Planificación y Ambiente** (infraestructuras críticas, la planificación urbana, movilidad, transporte, energía).
- **Complejidad Biológica** (redes biológicas, biología de sistemas, evolución, ciencias naturales, medicina y fisiología).
- **Sistemas Ecológicos Sociales** (cambios ambientales globales, crecimiento verde, sostenibilidad, resiliencia).

Casi al mismo tiempo que la Conferencia del año 2015, se desarrolló la Primera Conferencia Electrónica Campus Digital de Sistemas Complejos 2015. Este campus digital es una red internacional de individuos e instituciones que trabajan juntos y comparten recursos para promover la investigación y educación en la ciencia de los sistemas complejos y en las ciencias de integración. Es una red de más de 100 instituciones de educación superior e investigación con reconocimiento de la UNESCO. Esta conferencia electrónica permitió la participación de científicos de países lejanos y de bajos ingresos. Este tipo de actividad es una estrategia de "inteligencia social" y una respuesta a los desafíos de la transdisciplinaridad de los sistemas complejos. Se contó en ella con conferencias de muchos científicos de renombre mundial. Entre los oradores del primer día estuvieron Edgar Morin, Paul Bourgine, Denise Pumain, Eugene Stanley y Herman Haken.

Para la Conferencia Internacional que la Sociedad de Sistemas

Complejos, realizará en el año 2016, cuyo título es "Comprendiendo la Complejidad" y que tendrá lugar en Amsterdam, Holanda, se planea abordar los siguientes temas:

- Fundamentos de los Sistemas Complejos
- Tecnologías de Información y Comunicación
- Lenguaje, Lingüística, Cognición y Sistemas Sociales
- Economía y Finanzas
- Infraestructura, Planificación y Ambiente
- Complejidad Biológica y (Bio) Médica
- Sistemas Socio-Ecológicos
- Complejidad en Física y en Química

(Conference on Complex Systems, 2015)

En cuanto al Pensamiento Complejo, la difusión de los principios del mismo ha continuado en forma progresiva. En México, la Secretaría de Educación Pública oficializó la introducción de un plan curricular nuevo para más de 50.000 alumnos de nivel de preparatoria (bachillerato), directamente basado en el pensamiento complejo de Edgar Morin. (Malinowski, N., 2013)

La Multiversidad Mundo Real Edgar Morin, que funciona en México, ofrece cursos, diplomados, especialidades, maestrías y doctorados en Pensamiento Complejo. Los posgrados se imparten en más de 26 países de habla hispana y portuguesa.

Los posgrados se estudian en el campo de las humanidades y las ciencias sociales, "bajo el prisma de las ciencias de la complejidad, la interdisciplina, el pensamiento sistémico, la innovación social, la transdisciplina y el pensamiento complejo". (Multiversidad Mundo Real Edgar Morin, 2016)

En el siguiente capítulo resumiremos algunos principios básicos de los sistemas complejos.

Capítulo 2. PRINCIPIOS DE LOS SISTEMAS COMPLEJOS

"La complejidad se basa y enriquece la teoría de sistemas mediante la articulación de características adicionales de los sistemas complejos, haciendo hincapié en su interrelación e interdependencia. No es suficiente aislar un principio o característica como la autoorganización o la emergencia y concentrarse en ella con la exclusión de los otros."

Eve Mitleton-Kelly

Las ciencias de la complejidad, tal como lo hemos apuntado antes, estudian a los sistemas complejos. Para comprender mejor a estos sistemas y la relevancia que ellos tienen en la realidad que nos rodea, es preciso conocer los principios que subyacen en su funcionamiento. Son conceptos que se interrelacionan y que, como lo afirma la Profesora Mitleton-Kelly, no pueden verse en forma aislada.

Los siguientes principios son los que se mencionan con más frecuencia en la literatura de la complejidad.

INTERCONECTIVIDAD E INTERDEPENDENCIA

Los Sistemas Complejos están constituidos de elementos múltiples que están conectados entre sí y son interdependientes unos de otros y de su ambiente.

La idea de la conectividad, según Waldrop (*Complexity. The Emerging Science at the edge of order and chaos, 1992*), es la de un conjunto de agentes ínter actuantes participando en una red de nodos ligados por conexiones. Es una idea básica que podría ayudar a entender cómo se iniciaron la vida y la mente en un universo que empezó sin ninguna de ellas. (Waldrop, M. M., 1992)

En las Redes Neuronales y en el Sistema Inmunológico podemos observar esta estructura de Nodos-y-Conexiones. Nodos pueden ser los diferentes tipos de mensajes y Conexiones las Reglas de Clasificación de los mismos.

En el modelo de Kauffman y Packard para explicar el origen de la vida, los Nodos son los diferentes Polímeros y las Conexiones son las reacciones químicas entre los mismos.

¿Qué es más importante, los nodos o las conexiones?

Lo más importante no son los Nodos sino las Conexiones. En ellas radica el poder de las Redes. Christopher Langton y otros investigadores de la vida artificial afirman que la esencia de la vida está en la organización y no en las moléculas. (Waldrop, M. M., 1992).

Para comprender la conducta de un sistema complejo es preciso examinar la compleja madeja de interrelaciones e interdependencia entre sus partes. (Ramalingan, B., Jones, H., Reba, T., and Young J. 2008)

Este principio de la Conectividad y la Interdependencia que da origen a la Emergencia, que la comentaremos más adelante, es crucial para comprender por qué "el todo es mayor que la suma de las partes", tal como es descrito en la Teoría General de Sistemas de Ludwig von Bertalanffy.

¿Cómo se modifica la conducta de un sistema complejo?

La London School of Economics identifica la Conectividad y la Interdependencia entre los varios elementos de un sistema y con su ambiente como el principio que sustenta el origen de la conducta compleja del sistema. Gracias a ello el sistema se adapta, evoluciona y se crea un nuevo orden.

De acuerdo a la Prof. Eve Mitleton Kelly, la red de relaciones en un sistema complejo está determinada por estos cuatro factores:

1. Diversidad
2. Densidad
3. Intensidad y

4. Calidad de las interacciones entre los agentes humanos que lo forman.

Es gracias a esa conectividad e interdependencia que se propagan los efectos de las acciones, decisiones y conducta en un ecosistema.

(Mitleton-Kelly, 2003)

Para modificar el todo lo que deben cambiarse son las conexiones ya sea modificando su potencia o cambiando el tipo de ellas.

RETROALIMENTACIÓN O FEED-BACK

Se le llama retroalimentación o feed-back al proceso que se genera cuando el producto de un proceso en un sistema regresa al mismo como un nuevo insumo para el sistema. (Rickles, D., Hawe, P., Shiell, A., 2007)

Tal como hemos visto, en los Sistemas Complejos Adaptativos, los elementos que los conforman (agentes) están interconectados y son interdependientes. Poseen además la cualidad de participar en procesos de retroalimentación con otros elementos del mismo sistema y con el ambiente que los rodea. Son sistemas abiertos. Los procesos de retroalimentación pueden ser Negativos, también llamados Reguladores y Positivos o Amplificadores. Es en virtud de estos procesos, que muchas veces se realizan en forma simultánea, que aparecen los patrones del sistema.

¿Qué produce la Retroalimentación?

Estos procesos de retroalimentación son los responsables del Aprendizaje y de la Evolución. Un agente emite una señal que llega a otros agentes y al ambiente. Estos a su vez reaccionan con nuevas señales de índole positiva o negativa que son devueltos al agente emisor. Si la retroalimentación es Positiva, la señal original aumenta y aparece ahora amplificada, si la retroalimentación es Negativa, la señal original decrece. (Wikipedia, Realimentación, 2016)

¿Qué se transmite en estos procesos?

Glenda Eoyang, una pionera en la aplicación de las teorías de la complejidad y el caos, afirma que en los procesos de retroalimentación las señales transmitidas y devueltas pueden ser materiales, información o energía. Este flujo de patrones forma los patrones del futuro crecimiento y desarrollo del sistema. (Eoyang, G., 2001)

Para que una retroalimentación sea efectiva es preciso que ambos participantes cambien en la interacción.

EMERGENCIA

¿Cómo se define la Emergencia?

Se define como la propiedad que surge en los sistemas complejos adaptativos como resultado de la interacción de sus partes y que no puede reducirse a sus partes constituyentes. Es algo más complejo y diferente. "El todo es mayor que la suma de las partes". Está ligada con los conceptos de Auto-organización y Superveniencia. (Wikipedia, Emergencia, 2016).

Ejemplos de Emergencia:

Elementos relativamente simples al interactuar entre sí dan lugar a conductas complejas. Como ejemplos se citan:

1. La mente.

2. El sistema inmunológico.

3. La inteligencia colectiva de las hormigas.

4. Las bandadas de pájaros.

5. La conducta de los inversionistas de la Bolsa.

6. La música creada por una orquesta.

¿Cómo se originan las conductas Emergentes?

Las propiedades emergentes resultan de reglas básicas que gobiernan la interacción de los elementos de un sistema. Si uno analiza la conducta de cada elemento o las diferentes causas y efectos en forma separada, no le es posible predecir los patrones o propiedades del sistema complejo al que pertenecen.

En una organización, la cultura corporativa puede considerarse una propiedad emergente que surge de las conductas individuales de sus miembros, pero que llega a trascenderlos y persiste aunque ellos salgan y entren en la organización. Las personas dan forma a la organización, pero ésta también da forma a las personas. Es algo sorprendente e impredecible. (Lawrimore, E. W. B., 2004)

También se dice que en la conducta emergente, además de las reglas básicas del sistema y los agentes que lo forman, influye de manera importante el contexto en el que se desarrolla el sistema. (Ramalingan, B., Jones, H., Reba, T., and Young J. 2008).

NO LINEALIDAD

En los Sistemas Complejos Adaptativos las relaciones entre sus componentes (agentes) son de tipo No-lineal. Estamos tratando entonces con Sistemas No-lineales. Antes de entrar a definirlos, abordaremos primero los Sistemas Lineales.

¿Qué son los Sistemas Lineales?

Los sistemas lineales son aquellos en los que el todo es igual a la suma de las partes. Son estos tipos de sistemas los que habían sido tratados en la física newtoniana durante 300 años. Son fácilmente analizables por las matemáticas y dan origen a ecuaciones lineales, que son llamadas así porque se pueden graficar como una línea.

Ejemplos de Sistemas Lineales

Sistemas lineales son, por ejemplo, el sonido, la luz, en los que cada uno de sus componentes es capaz de mantener su identidad individual y actúan en forma independiente, sin mezclarse. En los sistemas lineales se pueden separar las partes y luego volverlas a juntar.

¿Cómo son los Sistemas No-lineales?

En los sistemas no-lineales, el todo es mayor que la suma de las partes. Sus elementos son interdependientes, y al variar uno también varían los demás. Las relaciones entre insumos y productos no son estrictamente proporcionales. Insumos pequeños pueden dar lugar a productos grandes, e insumos grandes pueden resultar en productos pequeños. En estos sistemas la relación de sus partes entre sí y con el ambiente crea ricos patrones de conducta, imposibles de predecir con exactitud. La expresión matemática de estos sistemas es en forma de ecuaciones nolineales, que se pueden graficar como una curva.

Las ecuaciones no-lineales son muy complejas y muy difíciles de resolver manualmente. Pero con la llegada de las computadoras, este problema se ha solucionado.

Ejemplos de Sistemas No-lineales

1. La economía.
2. La biología.

3. El procesamiento de la información.
4. Las ciencias políticas.
5. El clima.
6. El cerebro.

El caos es un fenómeno no-lineal.

(Waldrop, 1992, Gleick, 1987)

SENSIBILIDAD A LAS CONDICIONES INICIALES

Los Sistemas Complejos Adaptativos, que son sistemas inestables, tienen una gran sensibilidad a las condiciones iniciales. Pequeñas diferencias en éstas hacen que el sistema evolucione de maneras totalmente diferentes e impredecibles.

El efecto mariposa

Este concepto fue uno de los primeros que surgió con el estudio de la teoría del caos a partir del conocido hecho ocurrido a Edward Lorenz, y que dio origen a la ya popularizada expresión de que "el aletear de una mariposa en Brasil inicia un tornado en Texas". En

1961, Lorenz estaba trabajando en un modelo computarizado de predicción del tiempo. Interrumpió el trabajo por unos momentos y cuando lo reinició introdujo el decimal .506 en lugar de .506127 que era el decimal total con el que había iniciado sus cómputos. El resultado de este cambio fue un escenario de predicción de tiempo totalmente diferente. (Wikipedia, Butterfly Effect, 2016)

Los organismos vivos que son sistemas abiertos, disipativos, dinámicos, adaptativos, y no lineales, y que se mantienen en un estado de inestabilidad, pueden evidenciar la existencia de este concepto.

¿En qué situaciones puede observarse la sensibilidad a las condiciones iniciales?

La sensibilidad a las condiciones iniciales puede aparecer en muchísimas situaciones de nuestra vida personal u organizacional. Una decisión tomada con información insuficiente puede cambiar por completo tu vida. Por ejemplo, en los deportes, en el base-ball, un bateador acertando a la pelota y dando un jonrón, puede cambiar por completo su futuro. Llegar un minuto más tarde a la ventanilla de boletos de avión, puede impedirnos tomar el vuelo que luego termina en un desastre aéreo...y salvarnos.

Este principio de la complejidad se puede observar en campos tan diversos como la economía, el clima, la cirugía. (Patiño, J. F., 2000)

¿Es fácil conocer todas las condiciones iniciales de un sistema complejo?

Dos sistemas complejos que en su momento inicial eran muy parecidos en sus componentes y dimensiones pueden terminar en lugares muy distintos. Todo esto debido a pequeñísimas variaciones en su posición inicial. Esto es debido a la no-linealidad de sus relaciones.

Es muy difícil conocer con exactitud cuáles fueron todas las condiciones iniciales de un determinado sistema, y cómo ha sido que una variación de alguna de ellas produjo un resultado determinado al correr del tiempo.

Los siguientes dos comentarios de autores reconocidos en el campo de la complejidad muestran la importancia que tiene esta característica de los sistemas complejos:

" El éxito de un país puede ser mejor explicado no por la virtudes de su población, sus recursos naturales o las habilidades de su gobierno, sino más bien por la posición que tuvo en el pasado, con pequeñas ventajas históricas que le condujeron a ventajas mucho mayores después". (Ramalingan, B., Jones, H., Reba, T., and Young J. 2008).

"En los sistemas no lineales los procesos iterativos hacen que las pequeñas diferencias iniciales crezcan en efectos poderosos e impredecibles. De maneras complejas el sistema se retroalimenta a sí mismo, se magnifican las pequeñas variaciones comunicándolas a través de sus redes que se tornan alteradas e inestables, prohibiendo completamente la predicción". (Wheatley, M. J., 1999)

ESPACIO DE POSIBILIDADES

Todos los Sistemas Complejos Adaptativos (SCAs), ya sean seres vivos como usted o yo, agrupaciones de individuos, barrios, ciudades, países, organizaciones, nuestro planeta o el universo entero, poseen lo que se ha llamado "espacio de posibilidades".

Pero, ¿qué significa eso?

¿En qué consiste el espacio de posibilidades?

Es el conjunto de estados posibles que el sistema puede adoptar en un momento determinado de su existencia. Para conocerlo es necesario, primero, identificar las dimensiones más relevantes del sistema y, luego, determinar los valores posibles que cada una de esas dimensiones puede tener.

Arthur Battram "define el espacio de posibilidades como el espacio donde viven todas las ideas antes de hacerse realidad..." (Mannuci, M., 2005)

¿Cómo se determina el espacio de posibilidades?

En los ambientes de cambio e incertidumbre donde se desenvuelven los SCAs, no es posible determinar con certeza cuál será el estado exacto en el que encontraremos a ese sistema en un momento futuro.

El primer paso para determinar el espacio de posibilidades en un sistema es observar sus dimensiones claves, y hacer hipótesis de cómo esas dimensiones pueden cambiar a lo largo del tiempo, debido a las interacciones entre ellas mismas y con el ambiente.

Estas interacciones se realizan en una forma no-lineal e impredecible. Utilizando una herramienta matemática llamada "espacio fase o espacio fásico", se pueden hacer mapas de los valores posibles de esas dimensiones. (WIKIPEDIA PHASE SPACE, 2016)

Ejemplo de un espacio fase

Tomando como ejemplo de SCA una ciudad, Byrne describe cómo en la ciudad de Leicester en UK, las interacciones entre sus variables claves ocurren en forma simultánea e interconectada originando cambios globales a lo largo del tiempo.

En este caso, una tabla representa el "espacio fase" de ese sistema complejo.

Ej.: Tabla de Espacio Fase del Área Urbana de Leicester

	2001	1971
Población total	579,000	534,000
Porcentaje de identidad étnico diferente de blanco británicos	24.7	8.8
Total en edad laboral	420,000	392,000

Total económicamente activos	261,000	261,000
Porcentaje en edad laboral económicamente activos	62.1	66.5
Porcentaje de mujeres económicamente activas	46.6	38.2
Porcentaje de (mujeres) económicamente activas con empleo industrial	34.5	58.7
Total de hogares	230,000	177,000
Porcentaje ocupados por sus dueños	70.0	57.1
Porcentaje de dueños con propiedad social	18.7	23.7

Fuente: adaptado de Byrne (2006) (Ramalingan, B., Jones, H., Reba, T., and Young J. 2008).

¿Es conveniente explorar el espacio de posibilidades?

Una organización para mantenerse viva y activa debe estar dando seguimiento a las diferentes dimensiones del sistema en el que está incluida a fin de realizar los cambios necesarios en sus propias dimensiones. Es decir que ella observa todo el abanico de posibilidades de su ambiente y ajusta sus propias dimensiones internas a esos cambios externos. Se trata, pues, de mantener estrategias flexibles y adaptativas.

Cada vez que seleccionamos un camino exploramos las posibilidades adyacentes, y nuevas posibilidades se abren. Las posibilidades son infinitas, pero se seleccionan aquellas que más son favorables a nuestra propia realidad.

De acuerdo a Mitleton-Kelly, una entidad para sobrevivir necesita explorar su espacio de posibilidades para generar variedad. No existe ni es deseable una sola estrategia óptima. Las condiciones y los escenarios son muy cambiantes e inestables, lo que requiere el empleo de enfoques muy flexibles. No es posible explorar todas las posibilidades, pero se pueden seleccionar las más cercanas, "lo posible adyacente". (MitletonKelly, Eve, 2003)

La tasa de descubrimiento de nuevas posibilidades no debe ser demasiado alta, sino que debe ser de una magnitud sostenible, para evitar la destrucción de la misma entidad. Estos conceptos son aplicables tanto en las esferas moleculares, morfológicas, conductuales, tecnológicas y organizacionales. (Kauffman S. Investigations, Oxford University Press).

¿Cómo explorar el espacio de posibilidades?

En las organizaciones, el diálogo es la herramienta que permite explorar el espacio de posibilidades.

"Cuando las condiciones facilitadoras permiten a una organización explorar su espacio de posibilidades, la organización puede tomar riesgos y probar nuevas ideas. Tomar riesgos significa ayudar a encontrar nuevas soluciones, maneras alternativas de hacer negocios, mantenerse evolucionando a través de las conexiones establecidas a la par de que se establecen nuevas vías de comunicación (Mitleton-Kelly, Eve, 2003)

CAOS, BORDE DEL CAOS, ATRACTORES

¿A qué se llama Caos en Ciencias de la Complejidad?

El término Caos se utiliza para designar la conducta inestable y aperiódica de cierto tipo de sistema (no-lineal y determinístico). Esta es una conducta al azar.

De acuerdo al Premio Nobel, Murray Gell-Mann, "en física el término Caos sirve para determinar un fenómeno particular, que en un sistema no-lineal el resultado es a menudo indefinido, y arbitrariamente sensible a pequeñísimos cambios en la condición inicial".

Las fluctuaciones cuánticas pueden ser magnificadas por el Caos y de esta manera producir efectos mensurables en el mundo que nos rodea. (Mishlove, J., 1998)

Para Zimmerman, Lindberg y Plsek el Caos es un tipo de conducta que aparece al azar, es determinístico pero impredecible y contiene un orden oculto. Esta conducta compleja surge como producto de reglas simples, y es el resultado de la interacción y realimentación de las variables, componentes y procesos del sistema. (Zimmerman, B., Lindberg, C., Plsek, P., 2001)

¿Qué se conoce como Borde del Caos?

Debido a la interconexión y la interacción entre sus múltiples elementos, a la retroalimentación y a la no-linealidad de sus relaciones, los sistemas complejos adaptativos tienen la capacidad de balancearse entre el orden y el Caos. Esta región de balance es llamada el Borde del Caos y es considerada como la zona de mayor creatividad de los sistemas. En esa zona los sistemas complejos ponen de manifiesto otra de sus características principales: la auto-organización. Allí existe gran creatividad, innovación y ruptura con el pasado para crear nuevos modos de operación.

La frase Borde del Caos fue acuñada por el científico de computadoras Chris Langton, quien estudiaba autómatas celulares de una dimensión.

Si la célula se mantiene en patrones simples y repetitivos o están "muertas", Langton las llamó "ordenadas". En algunos casos la conducta del autómata era al azar y completamente impredecible. A ese estado le llamó "caótico". Otros autómatas mostraban una conducta interesante y compleja, parecida a la vida. Langton consideró que esos autómatas estaban cerca del borde entre el orden y el caos. Si se ordenaban más se hacían demasiado predecibles; si se hacían menos ordenados se volvían caóticos. Langton definió un número simple para predecir si el autómata pudiese caer en el estado ordenado, caótico, o cerca del límite entre los mismos "Borde del Caos". A ese número le llamó "Lambda". (Eck, David J., s.f.)

¿Qué entendemos por un Atractor?

De Toni y Comello definen a un Atractor como un patrón en fase o estado de fase llamado Retrato de Fase en el que las variables del sistema se asientan una vez que lo transitorio ha desaparecido. Es un rango restringido o circunscrito que atrae al sistema para que funcione en particulares condiciones internas y externas. Son las condiciones actuales y la dinámica del sistema las que determinan los Atractores del sistema. Cuando los Atractores cambian, también cambia la conducta del sistema. Al cambio de los Atractores se le llama Bifurcación. Según estos autores, los Atractores podrían de cierta forma gruesa ser análogos a los estadios de desarrollo humano: infancia, niñez y adolescencia, etc. Cada uno de estos estadios tiene sus propias conductas, tareas de desarrollo, patrones cognitivos, problemas emocionales y actitudes, propios. Existen variaciones entre las diferentes personas, pero las conductas de largo plazo caen bajo la influencia de esos Atractores. (De Toni, A. F., 2005.)

¿Cuántos tipos de Atractores hay?

Existen tres tipos de Atractores:

1. De punto fijo. (el sistema se asienta en un solo punto)
2. Periódicos. (el sistema se asienta de manera cíclica en puntos alternos)
3. Extraños o Caóticos. (Nunca repiten exactamente los valores de sus variables, pero siempre se les encuentra dentro de un rango restringido, una pequeña área del estado de espacio. Son sensibles a las condiciones iniciales)

ADAPTACIÓN

¿Cómo es el proceso de Adaptación?

De acuerdo a John Holland, el término Adaptación, que se ha usado en biología para definir el proceso por el cual un organismo se amolda a su medio ambiente, en Complejidad se ha ampliado para incluir el aprendizaje y los procesos relacionados. Este término se aplica a todos los agentes de los Sistemas Complejos Adaptativos. Estos agentes funcionan mediante reglas o estrategias SI (ocurre determinado estímulo) ENTONCES (realizar determinada acción). Los agentes aprenden de los resultados obtenidos por la aplicación de estas reglas y continúan aplicándolas (SI / ENTONCES).

Al acumular experiencias en su interacción con otros agentes adaptables y con el ambiente, los agentes se adaptan y crean patrones temporales de comportamiento que a su vez continúan sujetos al cambio.

Adaptarse a las cambiantes condiciones de otros agentes y del ambiente es una de las principales características de los Sistemas Complejos Adaptativos. Tan importante es que forma parte del nombre particular de estos sistemas.

Debemos recordar que un Sistema Complejo Adaptativo es una red de muchos agentes (células, especies, individuos, firmas, naciones) que están en actividad continua reaccionando a lo que otros agentes hacen. Su control es disperso y descentralizado. La coherencia del sistema surge de la competencia y cooperación de los agentes entre sí.

La diversidad de un SCA es el producto de sus constantes adaptaciones. A pesar de que los agentes están activos en este proceso de cambio constante el sistema mantiene su coherencia.

Holland continúa diciendo que: "Actualmente ya sabemos, por ejemplo, que la coherencia y persistencia de cada sistema dependen de una gran cantidad de interacciones, la agregación de diversos elementos y de la adaptación o el aprendizaje. También hemos observado que varios problemas complejos de la sociedad contemporánea –la decadencia de las ciudades, el sida, las enfermedades mentales y el deterioro ecológico- persistirán hasta que desarrollemos una mejor comprensión de la dinámica de estos sistemas.... Aún si estos sistemas complejos difieren en detalles, la cuestión de la coherencia bajo acoso constituye el principal enigma de cada uno." (Holland, J. H., 2004)

Mitleton-Kelly afirma que en la Complejidad se hace más énfasis en la **evolución con** más que en la **adaptación a** un ambiente cambiante, y esto hace cambiar las perspectivas y los supuestos que subyacen en las teorías de sistemas y gerencia tradicionales. (Mitleton-Kelly, E. (s. f.)

Una explicación del proceso de adaptación, es que los agentes tienen metas, capacidades de procesamiento interno de la información y de toma de decisiones. Perciben el ambiente que los rodea, actúan sobre esas percepciones, mediante cambio en sus propias reglas e influencian el cambio en otros agentes y el ambiente. El proceso de percepción no es siempre exacto. Los agentes pueden retener el conocimiento de eventos pasados, aprender y adquirir el potencial de actuar de acuerdo en el futuro.

Puede verse que la percepción, reflexión y la acción forman parte de este proceso de adaptabilidad y aprendizaje. (Ramalingan, B., Jones, H., Reba, T., and Young J. 2008).

AGENTES ADAPTATIVOS

¿Dónde se encuentran los agentes adaptativos?

Los Sistemas Complejos Adaptativos (SCAs), están compuestos de elementos múltiples llamados Agentes Adaptativos. Siendo que todos los sistemas vivos y la gran mayoría de los sistemas físicos son Sistemas Complejos, son Agentes Adaptativos las moléculas que constituyen las células, las células que constituyen los tejidos, los tejidos que constituyen los órganos, los órganos que constituyen los sistemas, los sistemas que constituyen los organismos, los organismos que constituyen las poblaciones, que interaccionan con otras poblaciones de especies distintas y forman las comunidades, que a su vez interaccionan con el ambiente y forman los ecosistemas. Igual lo son los individuos que forman las familias, las familias que integran una ciudad, las ciudades que integran los países, y los países que forman la sociedad mundial. En las agrupaciones sociales también son agentes adaptativos las personas que constituyen los subgrupos, los subgrupos que se organizan en grupos mayores y los grupos mayores que se integran en un Organismo (ONG, Empresa, Fábrica, Agencia, Ejército, Ministerio, Partido político, etc.)

Los Agentes Adaptativos y sus relaciones entre sí y con el ambiente que los rodea constituyen, pues, las estructuras básicas de un Sistema Complejo Adaptativo (SCA).

¿Cómo funcionan estos agentes?
El accionar de los Agentes de los SCAs basado en la Interconectividad e Interdependencia y la

Retroalimentación, da lugar al proceso de Emergencia, se rige por relaciones No-lineales, los resultados son Sensibles a las Condiciones Iniciales. Los agentes en forma descentralizada deciden su futuro en un Espacio de Posibilidades, actuando en la zona de máxima creatividad llamada Borde del Caos; se Auto-organizan y son los responsables de la Co-evolución.

AUTO-ORGANIZACIÓN

Los Sistemas Complejos Adaptativos poseen como una de sus características principales la auto-organización. Las Ciencias de la Complejidad también han sido llamadas las ciencias de la auto-organización y la adaptación.

El científico de la Cibernética, W. Ross Ashby, notó que los sistemas dinámicos, independiente de su tipo de composición, siempre tienden a un estado de equilibrio, llamándolo "principio de la auto-organización".

Por otra parte, Heinz von Foerster, formuló el principio de "orden desde el ruido que significa que": a mayores perturbaciones en un sistema, mayor rapidez en su auto-organización.

¿Cómo se define la Auto-organización?

En la auto-organización, como su nombre lo indica, el impulso para organizarse proviene del mismo sistema, no es, de ninguna forma, impuesto desde fuera. Así lo muestran las siguientes tres definiciones de este proceso:

1. "La aparición de una estructura o patrón sin haber un agente externo que la imponga" (Heylighen, F., s.f.)

2. "La evolución de un sistema a una forma organizada en ausencia de presiones externas" (Chris Lucas)

3. "Un proceso en un sistema complejo donde surgen estructuras nuevas emergentes, patrones y propiedades, sin ser impuestas externamente al sistema" (Zimmerman, B., Lindberg, C., and Plsek, P., 2001)

¿Cómo se produce la Auto-organización?

Para Francis Heylighen de la Universidad Libre de Bruselas, la Autoorganización es:

> "...básicamente un proceso de evolución donde el efecto del ambiente es mínimo, es decir, donde el desarrollo de nuevas y complejas estructuras tiene lugar primariamente en y a través del mismo sistema. Como se ha argumentado en la sección sobre teoría evolucionaria, la auto-organización puede ser comprendida sobre las bases de los mismos procesos de variación y selección natural como otros procesos de evolución ambientalmente

conducidos. La auto-organización normalmente es desencadenada por procesos de variación interna, los cuales usualmente son llamados "fluctuaciones" o "ruidos". El hecho que estos procesos producen una configuración ordenada selectivamente retenida, ha sido llamado el principio de "orden del ruido" por Heinz von Foerster, y el mecanismo del "orden a través de las fluctuaciones" por Ilya Prigogine. Ambos son casos especiales de lo que yo he propuesto llamar el "principio de la variedad selectiva". (Heylighen, F., s.f.)

Los Sistemas Complejos Adaptativos se auto-organizan gracias a la interacción local de sus componentes. Intervienen allí los mecanismos de retroalimentación y no-linealidad. Los agentes están constantemente explorando el ambiente buscando picos de adaptación en los paisajes de ajuste que mejor los favorezcan. Existen varios atractores y los agentes pueden fluctuar entre uno y otro. Pequeñas perturbaciones en el ambiente o ruido en el mismo pueden desencadenar la autoorganización. Este fenómeno de auto-organización más la selección natural está en la base de la evolución. Los sistemas efectúan intercambio de señales y recursos con el ambiente. Estos mecanismos se han utilizado en los estudios de vida artificial, reproducción, sexualidad, conducta de los enjambres y co-evolución. Se utilizan reglas mínimas. Los mecanismos utilizados son los de competencia y cooperación. Un ejemplo importante de la auto-organización es el del funcionamiento del cerebro, sin existir una estructura superior de control, las neuronas interactúan y producen el funcionamiento global del cerebro. En el funcionamiento de los SCAs y en el proceso de auto-organización los sistemas prosperan en el azar, las fluctuaciones y el ruido, lo que los hacen más robustos y resilientes.

Según Ramalingan, en los agentes "débiles" la auto-organización se produce básicamente por la interacción, pero en los agentes "fuertes" intervienen además en forma significativa las estructuras cognitivas, creencias y percepciones.

Las acciones de interacción incluyen la observación, la comunicación, la interacción física, la propagación de enfermedades, la imitación de conductas exitosas percibidas, la cooperación para alcanzar metas comunes, la competencia por recursos, y las prácticas de caza, recolección y agricultura.

Un fenómeno de auto-organización es la autopoiesis en el que los sistemas se organizan para producir sus propios componentes. En los Sistemas Complejos Adaptativos que se organizan en forma autónoma, sin intervención externa, el papel del liderazgo es diferente. Su rol es más bien de facilitador del ambiente, destrabador de recursos, fomentar la apreciación de las posiciones de los demás, promover el aumento de conexiones y facilitar la interacción. (Ramalingan, B., Jones, H., Reba, T., and Young J. 2008)

Para Zimmerman, Lindberg y Plsek:

La auto-organización es un proceso desprovisto de un centro de comando y control centralizado y jerárquico, y su dirección está distribuida a través de todo el sistema.

"La auto-organización requiere un sistema complejo y no-lineal bajo condiciones apropiadas, diversamente descritas como "lejos-del equilibrio", valores críticos de parámetros de control que conducen a la "bifurcación", o al "Borde del Caos". Primero estudiada en sistemas físicos por Ilya Prigogine y sus seguidores, al igual que por la Escuela Sinergética fundada por Hermann Haken, la auto-organización es ahora estudiada primariamente a través de simulaciones por computadora, tales como autómatas celulares, redes booleanas y otros tipos de vida artificial. La auto-organización es ahora reconocida como una manera crucial para comprender conductas colectivas emergentes en una gran variedad de sistemas, incluyendo la economía, el cerebro y el sistema nervioso, el sistema inmunológico, el ecosistema y las grandes corporaciones o instituciones modernas." (Zimmerman, B., Lindberg, C., Plsek, P., 2001).

COEVOLUCIÓN

¿Qué significa Coevolución?

Se llama Coevolución al proceso de cambio entre los sistemas complejos adaptativos que se produce al interaccionar e influirse de manera recíproca.

Este proceso ha sido vital para el desarrollo de la vida en el universo.

Según Zimmerman, se trata de una evolución coordinada e interdependiente de dos o más sistemas dentro de un ecosistema mayor. Se produce mediante la retroalimentación entre los sistemas mediante la cooperación o competencia y la utilización de recursos limitados. Son ejemplos de ella los cambios que sufren el predador y la presa. Igualmente pueden encontrarse ejemplos en el mundo de los negocios o de las instituciones, en los cambios recíprocos que experimentan suplidores, recibidores, mercados, comunidades y competidores.

En este proceso de Coevolución la forma de los paisajes de adaptación cambia lentamente, y para mantener sus posiciones de adaptación los procesos de ajuste a nuevas ideas y desarrollos deben repetirse constantemente. Hay que dar seguimiento a los cambios en el ambiente social, buscando siempre por mejoras. (Lucas, Ch., Milov, Y., 2002)

Kevin Kelly en su libro **Out of Control** declara que la Coevolución es un proceso en el que se pueden ver la educación y el aprendizaje recíproco entre los participantes.

Ganar - Ganar es la historia de la vida en Coevolución. Una aplicación práctica de esta teoría puede verse en la solución del Dilema del Prisionero. (Kelly, K., 1994)

¿Qué se busca con este proceso?

Según Kauffman, y utilizando la terminología de la Complejidad, existen paisajes de adaptación en donde los agentes adaptativos buscan como llegar al pico más alto. En esta "caminata adaptativa" se basa la Coevolución que caracteriza a estos sistemas complejos. Este proceso de estrategia evolucionaria estable es la estrategia opuesta a la conducta caótica o de "carrera armamentista" o el "Efecto de la Reina Roja", metáfora tomada del libro **Alicia a través del espejo**, del matemático Charles Lutwidge Dogson, conocido por su seudónimo Lewis Carrol. Esta metáfora surge del comentario hecho por la Reina Roja a Alicia *"hace falta correr todo cuanto una pueda para permanecer en el mismo sitio ".* (Kauffman, S., 1995)

Para John Thompson, de la Universidad de California en Santa Cruz, la Coevolución es el proceso de cambio evolutivo y adaptativo recíproco que se da entre especies interactuantes, incluso en diferentes escalas espaciales y temporales. Estas interacciones dan forma al comportamiento, modelan el contexto y persisten en el espacio y el tiempo, incluso si sufren un constante y normalmente rápido cambio evolutivo.

Puntos importantes de conocer sobre la Coevolución

John Thompson, al referirse a este tema, indica que cada nuevo estudiante e investigador en biología, debería conocer los siguientes puntos sobre la Coevolución:

1. Los organismos multicelulares requieren una o más interacciones co-evolventes para sobrevivir y reproducirse.
2. Los ecosistemas ricos en especies se construyen basándose en interacciones de Coevolución.
3. La Coevolución genera una diversidad de resultados que van más allá de una "carrera armamentista" o de mutualismos obligados.
4. Las interacciones a menudo co-evolucionan como mosaicos geográficos que son continuamente reformados a lo largo de los ecosistemas. (Thompson, J. N., 2009).

Capítulo 3. ESTRUCTURA

"La ciencia occidental y la cultura del Renacimiento han hecho enormes progresos en base a los métodos de análisis reduccionistas. Sin embargo, estos supuestos son muchas veces insuficientes para una comprensión más profunda de la realidad. La conocida frase "El todo es más que la suma de las partes" (atribuida a Aristóteles) no sólo es correcta, sino que ahora es mucho más factible que un enfoque reduccionista."

Raoul Weiler, Jüri Engelbrecht

Se entiende por estructura la disposición y orden de las partes en un todo (Wikipedia, Estructura, 2016). En un sistema, la estructura es determinante para el funcionamiento del mismo. Sabiendo que los sistemas complejos están compuestos por un gran número de elementos conectados entre sí, es sumamente importante conocer como están dispuestos esos elementos y qué tipo de conexión mantienen.

REDES

En las Ciencias de la Complejidad el estudio de la Ciencia de las Redes cada día cobra más importancia. Sus aplicaciones prácticas existen en muchas áreas del diario vivir. Es por eso que considero de mucho interés profundizar en el conocimiento de los diferentes tipos de redes y sus características.

A pesar de que las tecnologías para redes se han venido desarrollando y utilizando desde hace varios años en diferentes sectores de la sociedad, los conocimientos científicos sobre las redes están todavía en su fase inicial. Así lo deja ver el libro *Network Science (2006),* publicado por la **Academia Nacional de Ciencias de los Estados Unidos**.

La palabra que mejor puede describir nuestra sociedad del Siglo XXI es "conectada". Son las redes de electricidad, agua, gas, televisión por cable, teléfono, e-mail, Internet, las que facilitan el funcionamiento en nuestros hogares y nos permiten comunicarnos unos con otros. Otros aspectos, también fundamentales en nuestra existencia, como la transmisión de enfermedades, la actividad de los sistemas biológicos, del cerebro, el funcionamiento de los sistemas de salud, del manejo de las finanzas, de la adquisición de mercaderías, y de nuestra presencia en organizaciones sociales de diversa índole, también hacen uso primordial de los conceptos de Redes.

Dónde son visibles las redes

Las redes las podemos observar en casi todos los campos de la sociedad. Así vemos la red de transporte aéreo, las carreteras, vías férreas, la red de transporte marítimo, las redes de tendido eléctrico, redes de distribución de agua, redes de suministro de alimentos, redes financieras globales, sistemas telefónicos e Internet. También están las redes genéticas, metabólicas, nuestros cuerpos humanos, colonias de hormigas, manadas, redes de alimentos, cuencas hidrográficas, y la red ecológica global de la propia Tierra. En el área social encontramos los gobiernos, negocios, universidades, clubes sociales, sistemas de escuelas públicas y privadas, y las organizaciones militares.

La existencia de redes es visible también en el funcionamiento actual del crimen organizado que afecta profundamente las actividades económicas y políticas en el mundo.

A pesar de la gran importancia que las redes tienen en el funcionamiento general de la sociedad todavía no existe hoy un conocimiento científico suficiente para construir redes totalmente robustas y efectivas.

La ciencia de las redes consiste en "el estudio de representaciones de redes de fenómenos físicos, biológicos y sociales, orientado a modelos predictivos de estos fenómenos".

Es un tema de sumo interés tanto en el campo civil como el militar.

Cuáles son los principios que gobiernan las redes

En su *"Introduction to Social Network Theory" (2004)*, *Charles Kadushin* ofrece una serie de conceptos básicos para entender las redes sociales. De acuerdo a este autor:

Una red es, básicamente, un conjunto de relaciones. Una red contiene un conjunto de objetos (nodos) y una descripción de las relaciones entre ellos. La red más sencilla consta de dos objetos y una relación que los enlaza.

La relación puede ser direccional, en un solo sentido, o no direccional. Si la red tiene más de una relación, se llama "múltiple".

Entre los nodos puede haber flujos e intercambios. La distancia entre nodos, está dada por el número de "pasos" que hay que dar para llegar de un nodo a otro. Las redes sociales pueden ser *egocéntricas*, cuando están conectadas con un nodo único, por ejemplo: mis buenos amigos; *socio-céntricas*, son redes en una caja, ej. Los niños de un salón de clases, los funcionarios de una organización. Y también pueden ser *abiertas* cuando no tienen fronteras claramente delineadas, por ej. La élite de Estados Unidos, o las conexiones entre corporaciones.

En cuanto a las **Conexiones**, las redes presentan lo siguiente:

Propincuidad: Estar en el mismo lugar al mismo tiempo. Si todas las otras condiciones son semejantes hay mayor posibilidad de un nodo de conectarse con otro cuando más cercano esté. **Homofilia.** Tener uno o más atributos sociales comunes. Los pares de nodos son homófilos si la semejanza entre sus características es mayor de lo esperado en la población de la cual ellos proceden.

A mayor homofilia, mayor posibilidad de que dos nodos se conecten.

Individuos o grupos con relaciones homófilas tienen mayores posibilidades de compartir actitudes similares.

Distancia entre los nodos. Está determinada por el tamaño de la **zona de primer orden** de los nodos de la red, el grado de traslape entre miembros de la red en esa zona, barreras entre los nodos, y la acción ejercida por los nodos.

Los nodos enlazados directamente con el nodo focal, se consideran que están en la zona de primer orden.

El número de individuos en un ambiente interpersonal varía de 300 a 5,000 personas.

Los experimentos hechos por Stanley Milgram en la década de los 60s llevaron a la estimación de que son 6 los pasos necesarios para llegar a cualquier persona en los Estados Unidos, es decir conexión a través de 5 individuos. De aquí viene la frase de **"seis grados de separación"**. Esto se explica en el apartado de redes de mundo pequeño.

Aunque en principio puede haber un número infinito de zonas, el impacto de cada zona en un individuo declina exponencialmente. Después de la tercera o cuarta zona los nodos tienen muy pocos efectos en el individuo o estructura focal.

A la relación entre dos nodos se le llama "**diada**". Hay 4 tipos de relaciones: ninguna, A se relaciona con B, B se relaciona con A, y A y B se relacionan uno con el otro. A esto último se le llama **reciprocidad o mutualidad**.

En el caso de tres entidades, existe un **Estado de Balance** si todas las tres relaciones son positivas, o si dos son positivas y una es negativa.

Cuando la **Centralidad** (*que mide la importancia, influencia, relevancia o prominencia de un nodo según su ubicación en la red*) y de ello, la independencia, están distribuidas en forma pareja, no habrá líder, y habrán muchos errores, alta actividad, organización lenta y alta satisfacción.

Los "**lazos débiles**" facilitan el flujo de información entre partes distantes de una red. Los "lazos débiles" ayudan a integrar los sistemas sociales.

Al momento en que una idea, tendencia o comportamiento cruza un umbral y se extiende como pólvora, se le llama punto de inflexión o *tipping point*. Una vez que se alcanza ese nivel de un fenómeno en una red, todos los nodos participan en el comportamiento o fenómeno referido. La acción depende no del socio inmediato sino del número de nodos en la red que han adoptado el comportamiento o atributo.

Densidad, se refiere al número de conexiones directas o indirectas dentro de un grupo.

Los nodos que tienen patrones similares de relaciones con otros nodos tienden a agruparse. A esto se le llama **similitud estructural**.

La red es sobre relaciones y flujos, no sobre los atributos de los nodos. En las estructuras core/periferia, la valoración de los atributos es debida a la estructura.

Un **"círculo"** no tiene fronteras muy definidas ni liderazgo formal. Es, más que todo, una región muy densa en una red. Los nodos no necesariamente están ligados directamente.

Entre mayor es el número de círculos sociales intersectantes de los cuales es miembro un nodo, mayor es el capital social del nodo.

(Kadushin, Ch., 2012)

Riesgos en la aplicación de la Ciencia de las Redes

Como en toda empresa humana, la aplicación de la Ciencia de las Redes conlleva, a la par que grandes ventajas para el progreso, riesgos implícitos. En un estudio sobre el impacto de las redes sociales e Internet en la adolescencia se encontró como aspectos negativos del uso de redes sociales que la "exposición a violencia en los medios de comunicación, Internet, videojuegos y redes sociales, aumenta las interacciones agresivas en niños y adolescentes en encuadres sociales inestructurados". Otros efectos negativos mencionados fueron: un alto grado de exposición a pornografía en usuarios de Internet; y una baja capacidad de lectura facial y de habilidades sociales directas. El mismo estudio mostró que la Internet y las redes sociales tienen, por la existencia de anonimato y falseamiento de identidad, la capacidad de estimular con facilidad comportamientos inadecuados, como exhibicionismo, agresividad, y engaño.

Los peligros a los que los jóvenes pueden estar expuestos son:

- "Grooming" (estrategias que una adulto desarrolla para obtener control y poder sobre él o la joven, con el objetivo de un posterior abuso sexual). Las etapas son la amistad, el engaño, y el chantaje.
- Ciberbullying, que es una forma que algunos jóvenes ejercen violencia hacia sus pares desde el anonimato. Se publican imágenes, videos, datos privados y otras informaciones que puedan perjudicar o avergonzar a alguien.

- Sexting. Así se llama a la práctica de compartir imágenes de tipo sexual, personal o de otros, mediante teléfonos o Internet.
- Ciberadicción. Comportamiento en el que se utiliza Internet de manera incontrolada. Se llega al aislamiento y descuido de relaciones sociales y otras actividades académicas, recreativas, de salud y de higiene personal.

Como aspectos positivos del uso de redes sociales, el mismo estudio indica los siguientes:

- Beneficios en la rehabilitación de pacientes con trauma cerebral.
- Internet produce aumento de memoria de trabajo, mayor capacidad de aprendizaje perceptual y permite enfrentar varios estímulos simultáneamente.
- Mejor habilidad para tomar decisiones rápidas.
- Generación de beneficios en discapacitados auditivos.

- Utilización de Internet en rehabilitación de niños con parálisis cerebral, distrofias musculares y trastornos de aprendizaje.

Otros aspectos positivos del uso de redes sociales que también han sido descritos son: creación de blogs, videos y páginas web que ayudan a desarrollar sentimientos de competencia, generación de elementos educativos, reforzamiento de relaciones creadas fuera de Internet, educación sexual, promoción y prevención en salud, y apoyo para logros académicos. (Arab, L. E., Díaz, G. A., 2015)

Progresos en la Ciencia de las Redes Complejas

Hay una creciente atención a la investigación de redes complejas en campos diversos tales como la ecología, la epidemiología, la neurociencia, los sistemas tecnológicos, los mercados financieros y la socio-economía. Esto ha promovido investigaciones interdisciplinarias en esos campos. En el simposio internacional Fronteras en la Ciencia de las Redes, que tuvo lugar en Berlin, en el año 2009, los tópicos principales fueron métodos y algoritmos de diferentes redes complejas, tales como redes logísticas, sociales, y de transporte, así como la auto-organización compleja en esos sistemas. Entre los temas abordados estuvieron: flujos o procesos de transporte en redes complejas, tales como la diseminación de opiniones en sistemas sociales, flujos materiales o monetarios en redes logísticas o cadenas de suministros, el transporte de humanos en redes urbanas o de aviación, o flujos de mercancías en redes marítimas. Se analizaron la estructura de red en esos sistemas y también se estudiaron los procesos dinámicos asociados, tales como la diseminación de enfermedades infecciosas y de organismos invasivos o la diseminación de perturbaciones de fase en redes de osciladores acoplados, o flujos de información de gran escala en el sistema de clima. (Blasius, B., Brockman, D., 2011)

Redes de Mundo Pequeño

¿Qué tan lejos está de usted del Primer Ministro de China?

En 1967, Stanley Milgram, psicólogo social, estando en la Universidad de Harvard, realizó un experimento, que ha sido ampliamente difundido en el mundo de las ciencias, y es conocido como el "fenómeno del mundo pequeño". (Wikipedia, Stanley Milgram, 2016)

Este experimento consistió en hacer llegar desde distintos puntos de los Estados Unidos cartas a destinatarios de la ciudad de Boston. Las personas que enviaron las cartas no conocían a los destinatarios finales, y utilizando únicamente a una persona conocida por ellos, deberían cumplir con esa tarea. El requisito era que los participantes solamente podían dirigir la carta a través de su persona conocida, y ésta a su vez debería cumplir con el mismo requisito. El propósito era averiguar cuántas personas o cuantos pasos eran necesarios para llegar hasta la persona destinataria final de la carta. El resultado fue de un promedio de 5 pasos, o sean 6 personas. Este resultado dio origen más tarde a la expresión "seis grados de separación", expresión que fue popularizada por una obra teatral en Broadway, y que indica que dos personas cualesquiera en el mundo pueden conectarse a lo más por una cadena de 6 personas.

En 1998 dos matemáticos de la Universidad de Cornell, New York, Steven H. Strogatz y Duncan Watts, demostraron que los "mundos pequeños" no se encuentran solamente entre redes de personas, sino también en redes de tendido eléctrico y en las neuronas del cerebro humano. Para lograr esto lo que se necesita es agregar unas pocas conexiones a los nodos unidos en forma regular a sus vecinos cercanos en una red. El fenómeno se produce por interconexiones entre los grupos. Esto hace que se aumente la velocidad de la comunicación en la red. Watts & Strogatz, 1998).

Tres tipos de Redes

Las redes pueden ser:

1) **Regulares**, cuando los nodos solamente se conectan con sus nodos más cercanos.

2) **Al Azar**, cuando cada nodo se conecta en forma aleatoria con otros nodos.

3) Strogatz y Watts encontraron que bastaba con agregar unas pocas conexiones extra, al azar, en pocos nodos, para aumentar en forma significativa la comunicación en la red. A este nuevo tipo de red le llamaron **Redes de mundo pequeño.** (Newman, M. E. J. 2003)

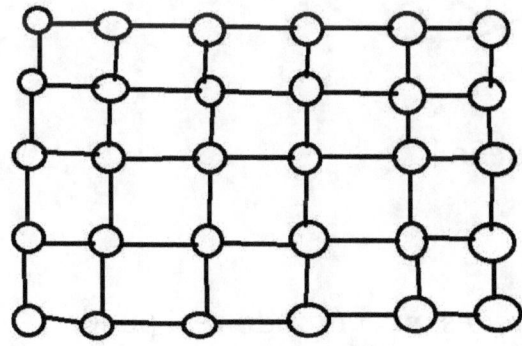

Red Regular

Red al Azar

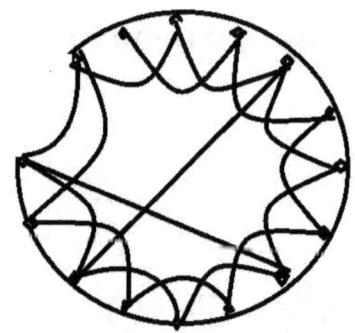

Red de mundo pequeño

La mayoría de las redes en el mundo real pueden convertirse en **redes de mundo pequeño.**

Se realizó un experimento con las conexiones entre actores de cine, tomando como punto central al actor

Kevin Bacon. El propósito era encontrar entre todos los actores de Hollywod, la distancia entre uno de ellos y Kevin Bacon, a esa distancia se le llama Número Bacon. Los actores que han trabajado junto con Kevin Bacon en una película tienen un número Bacon 1. Si para llegar a Kevin Bacon, el actor analizado solo tiene que haber trabajado con otro artista que sí trabajó junto a Bacon, el número es 2, y así sucesivamente. Por ejemplo Al Pacino trabajó con Yudie Bank en "Author! Author!, y ésta trabajó con Bacon en "Enormous Changes at the Last Minute". Luego el número Bacon de Al Pacino es 2. Los números Bacon mayores de 4 son muy raros. Usted puede hacer la prueba en esta página web de "The Oracle of Bacon at Virginia," un sitio web creado por Brett Tjaden y Patrick Reynolds. (Reynolds, P., 2015)

Ejemplos de Redes de Mundo Pequeño

Otros ejemplos donde se ha observado este fenómeno son:

La "distancia Web" (número de clics para llegar a cualquier página web) es menor de 19. Y esto es sobre un número mayor de 1,000 millones de documentos que ya existen en la Web.

Las redes sociales, las tecnológicas y las biológicas, presentan este tipo de fenómeno.

La razón por la que ocurre es que los nodos además de estar agrupados presentan también atajos entre algunos de ellos. Esas redes están posicionadas en el borde del caos: son suficientemente regulares para estar agrupadas y en alguna forma, caóticas para promover pocos grados de separación.

Este fenómeno tiene mucha importancia en la diseminación de enfermedades infecciosas, que se hace más rápida en una red de personas, cuando esa red posee un número mayor de conexiones.

Percolación en las Redes

Aquí encontramos otro término aplicado en esta nueva ciencia: *Percolación*. Así se llama el proceso por el cual algo (un fluido, una partícula, una enfermedad) se difunde a través de un medio (un fluido, un laberinto, una red).

Umbral de Percolación, es el valor crítico de un parámetro arriba del cual el proceso de difusión puede completarse.

En las *Redes al Azar,* el *Umbral de Percolación* es bajo, en las redes fuertemente agrupadas el *Umbral* es alto, en las *Redes de Mundo Pequeño* el *Umbral de Percolación* se aproxima al de las *Redes al Azar*: bajo.

Así se explica el por qué los rumores se propagan de una manera tan rápida, y al igual lo hacen las tendencias, o la rápida difusión del VIH/SIDA.

Por todo eso es importante tomar en cuenta la estructura de las redes sociales que nos rodean.

Debemos también recordar que las redes están en una evolución constante, por lo que es de suma importancia continuar el estudio de un fenómeno tan interesante como el que hemos mencionado. (Zambonelli, F., 2010).

Efectividad de las Redes de Mundo Pequeño

Las redes de mundo pequeño son muy efectivas, pues, para la transmisión de información, aunque se mantiene en un número mínimo el número de enlaces requeridos. Esto es debido a la existencia de algunos nodos con muchas conexiones. Esos nodos son los llamados "hubs".

En sociología, en los grupos de movimientos sociales, las redes de mundo pequeño, que son grupos pequeños y semi-independientes pero orientados a un objetivo general común, se puede observar el funcionamiento de este fenómeno. Es un modelo exitoso para los grupos de protesta. Unas pocas personas en cada grupo conectadas a los otros grupos vecinos, realizan de manera efectiva el propósito de movilización o de adaptación. Allí se aplica la teoría de Afinidad de Grupos. (Wikipedia, Small-world network. 2016)

Otro hallazgo importante del experimento de Milgram fue que aproximadamente el 60% de las transmisiones pasaban a través de unas mismas cuatro personas. Esto hace pensar que no estamos realmente todos conectados con cada uno de los demás, sino que existen unas pocas personas que están desproporcionadamente bien conectadas, son "superconectores" que hacen que las demás personas se conecten entre sí.

Los "superconectores" son los que crean atajos que permiten que los recursos y las ideas salten de grupo a grupo, eliminando la necesidad de seguir caminos largos. Pero esto hace a la red potencialmente frágil, pues la eliminación de unos pocos de esos "superconectores" desbarata la red.

Qué se está necesitando investigar más en este tipo de Redes

Este fenómeno ha sido objeto de numerosos estudios interdisciplinarios, por científicos de ciencias físicas, sociales, artes, humanidades. Los mecanismos de conectividad / longitud del camino y cohesión / agrupamiento, han sido comunes en casi todos los estudios realizados.

Las redes de mundo pequeño en los diferentes sectores estudiados presentan alto agrupamiento y caminos cortos.

La revisión efectuada por Brian Uzzi, Luis AN Amaral y Felix Reed-Tsochas (2007) sugiere que no todos los sistemas sociales son de "mundo pequeño". Hay otros modos de organización. Se requiere aún más investigación para estudiar las diferencias principales y las relaciones entre las redes de mundo pequeño, las libres de escala, las estructuras comunitarias, etc.

Los resultados de los estudios que intentan relacionar este tipo de redes con el desempeño de las mismas, han sido inconsistentes. Hace falta investigar más sobre los efectos del tiempo y las dinámicas de crecimiento en estas redes. Igual hace falta conocer la influencia de los micro comportamientos sobre las macro estructuras y viceversa, la influencia de entradas y salidas en la red, la interacción entre la calidad y posicionamiento de los miembros de la red, el peso de los enlaces, la evolución y cambio en los enlaces y sobre la heterogeneidad de los mismos. (Uzzi, B., Amaral, Luis A.N., Reed-Tsochas, F., 2007).

Redes Libres de Escala

Ahora, presentamos algunos conceptos básicos sobre las *Redes Libres de Escala*.

Definición de las Redes Libres de Escala
Se designa con ese nombre a un tipo especial de Redes Complejas. Poseen muchos nodos, algunos de ellos con muchos enlaces y otros con pocas conexiones.

Este tipo de red fue descubierto por Lászlo Barabási y colaboradores, Reka Albert y Hawoong Jeong, de la Universidad de Notre Dame en Indiana, E.U.A., en 1999, al hacer un mapa de la Web. Hallazgos similares fueron hechos por los hermanos Faloutsos (1999) y por Broder (2000). (Wikipedia. Red libre de escala. 2016)

Dos leyes que se aplican en este tipo de red

Estas redes Libres de Escala incorporan dos leyes:

1. *La de Crecimiento* y
2. *La de Enlaces Preferentes.*

Crecimiento: significa que por un determinado período añadimos un nuevo nodo a la red.

Enlaces Preferentes: Cada nuevo nodo se conecta a los nodos existentes con dos enlaces. La probabilidad de escoger un nodo determinado es proporcional al número de enlaces que el nodo seleccionado ya tiene. (Wikipedia. Red libre de escala, 2016)

Expresión gráfica de una Red Libre de Escala

Este tipo de red, tal como se puede ver en el diagrama de abajo, permanece unida por las muchas conexiones que presentan unos pocos nodos, los llamados "hubs",

En los diagramas de abajo se pueden ver las diferencias entre una Red Aleatoria y una Red Libre de Escala. En la Red Aleatoria la mayoría de los nodos tienen un número parecido de conexiones. En la Red Libre de Escala, coexisten nodos con muy pocas conexiones con otros pocos que tienen un número grande de conexiones.

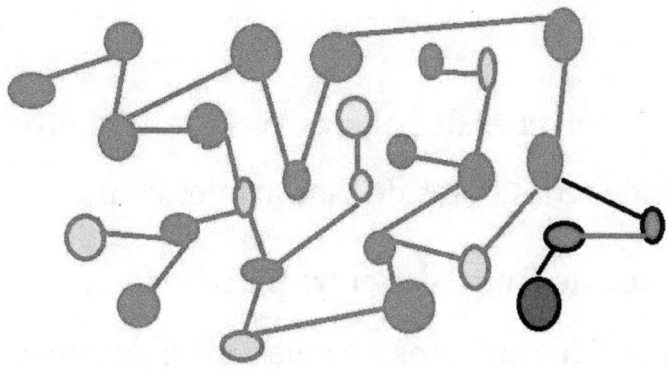

Red Aleatoria

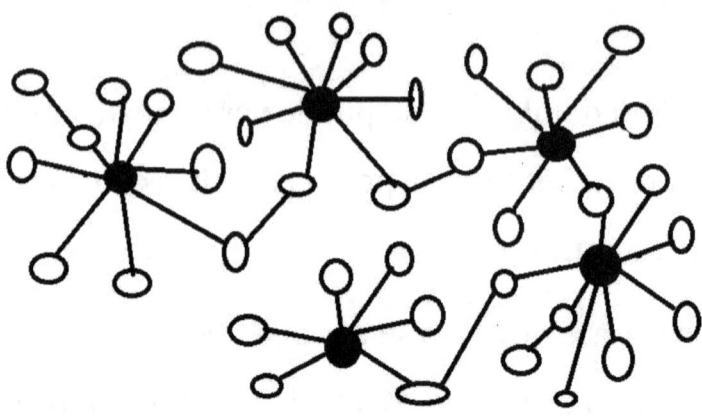

Red Libre de Escala

Los "hubs" con mayor número de conexiones aparecen sombreados.

Dónde pueden encontrarse Redes Libres de Escala

Además de las redes de páginas Web, existen otros ejemplos de redes libres de escala, tales como:

- La red de amistades entre personas.
- La red de contactos sexuales entre personas.
- Las redes del crimen organizado.
- La red de distribución eléctrica.

- Las redes de comercio internacional.
- Las redes de citaciones bibliográficas.
- Las redes de neuronas en los organismos dotados de sistema nervioso.
- Las redes de interacción de proteínas en el metabolismo celular.
- Las redes de caminos.
- Rutas marítimas y puertos.
- Aeropuertos.

(Wikipedia. Red libre de escala, 2016)

Algunas propiedades de las Redes Libres de Escala

Las redes Libres de Escala son bastante robustas ante fallas y errores aleatorios. Al remover, en forma aleatoria hasta el 80% de los nodos, la red continuaba funcionando. Pero son bastante débiles ante ataques predeterminados. Si se eliminan unos pocos "hubs", la red se destruye.

Al estudiar las propiedades de libre-escala de la Web se ha visto que unos pocos sitios Web son los que tienen el mayor número de enlaces, y esos son los sitios que atraen más nuevos enlaces. A ese fenómeno se le ha llamado "el vencedor se lo lleva todo". El modelo generativo de Barabási y Albert (1999) "el rico se hace más rico" en el cual cada nueva página Web crea enlaces a páginas Web con una probabilidad de distribución no uniforme, es de los modelos más ampliamente conocidos. Este modelo fue descubierto originalmente por Derek J. de Solla Price en 1965, pero alcanzó popularidad hasta que Barabási redescubrió sus resultados bajo su nombre actual (Modelo BA). (Wikipedia. Scale-free network, 2016)

Otro concepto muy importante en las ciencias de los sistemas complejos es el de Patrones. Aunque un patrón no se refiere exclusivamente a estructuras, por facilidad de presentación lo abordamos en este capítulo.

PATRONES

¿Qué son y dónde se presentan?

Llamamos patrones a la repetición de estructuras, comportamientos o situaciones que ocurren en el tiempo o en el espacio.

Otra definición de patrón: "Una combinación de cualidades, actos, tendencias, etc. que forman un arreglo consistente o característico".
(Scott, K.J.A., 1995)

El descubrimiento de patrones constituye una tarea fundamental en el desarrollo de las actividades científicas. En las ciencias de la complejidad la identificación de patrones ocupa un lugar principal. (Pieters, C., P., s.f.).

En los Sistemas Complejos Adaptativos la interacción de los múltiples agentes que los constituyen, entre sí y con el ambiente que les rodea, genera resultados emergentes. Estos, tal como lo hemos visto antes, no son predecibles. Sin embargo, cuando los resultados emergentes se repiten, **aun cuando no lo sean en forma exacta**, estamos entonces ante patrones. La identificación de esos patrones, nos permitirá, en forma retrospectiva inferir la naturaleza de los sistemas complejos que los han generado y las características del ambiente en el que se desarrollaron.

Existen patrones en diferentes áreas de la naturaleza. Son descritos en biología, en medicina, en química, en física, en matemáticas, en arquitectura, en ingeniería de software, en geología, en geografía, en economía, en política, en historia, en psicología, etc.

En medicina, una de las tareas principales del médico es la identificación de los patrones de funcionamiento anormal del organismo humano, conocidas como "enfermedades". Al identificar esos patrones que muestran un conjunto de características **que aún sin repetirse en forma exacta** mantienen arreglos generales comunes, los médicos identifican también los factores causales que los determinaron, para así darles el tratamiento correctivo adecuado.

En las ciencias de la administración existen los patrones de "organización exitosa", "organización problemática", "organización fracasada", etc. Cada patrón en particular puede explicarse por la presencia de varios factores o elementos interactuantes los que al identificarse podrán estimularse o corregirse, según sea el caso.

"Los patrones se forman a través de la interacción de los agentes de un sistema complejo entre sí y con el ambiente que los rodea. Se producen procesos de excitación e inhibición que, por una parte intensifican ciertas propiedades o conductas y, por otra, disminuyen o eliminan las propiedades o conductas opuestas". (Tercero Talavera, F., I., 2013)

Otro concepto de especial importancia que conviene conocer en estas nuevas ciencias es el de Fractales.

FRACTALES

Las ciencias de la Complejidad y el Caos tienen su propia geometría: la geometría Fractal.

¿Dónde se originó el término?

En la geometría clásica las formas son líneas y planos, círculos y esferas, triángulos y conos. Pero para comprender la complejidad, esas formas no son las adecuadas. Las nubes no son esferas, las montañas no son conos, el rayo no viaja en línea recta. El universo de la complejidad es irregular, escabroso, quebrado, enredado, enroscado, entretejido. (Gleick, J., 1987) Fue Benoit Mandelbrot, un matemático francés, de origen polaco, quien creó este término en 1975, derivándolo del latín "fractus" que tiene similaridad con "fractura" y "fracción". Irregulares y fraccionales son las dimensiones utilizadas por Mandelbrot para construir figuras geométricas de estructuras que constan de fragmentos con orientación y tamaño variable, pero de aspecto similar.

Se afirma que la idea de los fractales se originó en 1890 por el científico francés Henri Poincaré, se continuó por otros dos matemáticos franceses, Gastón Julia y Pierre Fatou, 1918, y renovado por Mandelbrot en 1974, éste último es considerado como el padre de la geometría fractal.

¿Cómo es un fractal?

A grandes rasgos podríamos definir un fractal como una figura geométrica con una estructura muy compleja y pormenorizada a cualquier escala.

Los fractales son autosemejantes, una pequeña sección del fractal se ve como una réplica a menor escala de todo el fractal.

Las montañas, nubes, rocas de agregación, galaxias y otros fenómenos similares son similares a los fractales.

No es posible medir con exactitud la longitud de la línea de la costa, puesto que las bahías y penínsulas revelan cada vez sub-bahías y subpenínsulas, hasta llegar a la escala atómica.

Los fractales presentan el resultado paradójico de longitud infinita en un espacio finito.

Un fractal presenta a menudo las siguientes características:

1. Posee fina estructura en pequeñas escalas arbitrarias.
2. Es demasiado irregular para ser descrito fácilmente por el lenguaje de la geometría Euclidiana.
3. Es auto-similar.
4. Posee dimensión de Hausdorff, que es mayor que su dimensión topológica. (Wikipedia. Fractal. 2016)

Importancia de los fractales

Los estudios de Mandelbrot de patrones irregulares en procesos naturales y su exploración de formas infinitamente complejas le hicieron posible identificar la Auto-similaridad. Esta es una cualidad visible en los fractales.

Las descripciones de los fractales han encontrado su aplicación en muchos problemas relacionados con superficies en contacto unas con otras. En la naturaleza, en el cuerpo humano, los fractales son evidentes: los vasos sanguíneos, la superficie del tracto digestivo, los alvéolos pulmonares, el sistema urinario, los conductos biliares, la red de fibras cardíacas especiales que conducen la corriente eléctrica que hace contraerse a las fibras musculares del corazón. Gracias a su peculiar geometría estas estructuras permiten que esos elementos posean la máxima superficie en el menor espacio posible.

La generación de bellos y sorprendentes dibujos de geometría fractal por computadora ha contribuido a la popularización de este interesantísimo aspecto de las ciencias de la complejidad y el caos.

¿Cómo se pueden generar los fractales?

Los fractales se generan mediante iteraciones, repeticiones, de un patrón geométrico fijo. (Gutiérrez, P., Hott, E., 2004)

En el siguiente capítulo abordaremos los conceptos básicos del Pensamiento Complejo , eje central de la obra del Profesor Edgar Morin.

Capítulo 4. PENSAMIENTO COMPLEJO

"Ser consciente de nuestros "lentes", de nuestros propios prejuicios e intereses y de las matrices a menudo implícitas con las que construimos nuestro conocimiento, es una dimensión esencial del pensamiento complejo, nuestro propio conocimiento del conocimiento"

Alfonso Montuori

Además del estudio de los sistemas complejos adaptativos, en el campo de la complejidad podemos encontrar el Pensamiento Complejo. Este es un enfoque filosófico y epistemológico de la complejidad que ha tenido como líder indiscutible al filósofo francés Edgar Morin.

Ambos aspectos, el científico y metodológico de los sistemas complejos, y el filosófico del Pensamiento Complejo, han venido progresando en forma independiente, con investigadores y autores destacados en cada uno de ellos, pero sin haber llegado hasta el momento actual a una necesaria integración. Ha habido algunos esfuerzos encaminados hacia esto último, pero aún no puede decirse que ese objetivo se haya logrado.

El Pensamiento Complejo de Edgar Morin, cuyos orígenes se remontan a los años sesentas, comprende una serie de conceptos que el profesor Morin ha difundido extensamente en una prolífica producción bibliográfica.

La realidad, según Morin, resulta de la interacción entre Orden,
Desorden y Organización. Es una realidad dinámica, cambiante, donde no son ajenas la incertidumbre, las contradicciones, las ambigüedades y las paradojas.

Este concepto de Pensamiento Complejo fue acuñado por Edgar Morin y se refiere a "la capacidad de interconectar distintas dimensiones de lo real". Se trata de ver la realidad con un enfoque holístico y transdisciplinario, sin que eso signifique ignorar las partes a expensas del todo. Los principios en que se basa son:

1. El principio de lo Dialógico (dos conceptos aparentemente antagónicos se ven también como necesarios y complementarios);
2. La Recursividad (el resultado actúa sobre la causa), y
3. Lo Hologramático (las partes están en el todo y el todo está en cada parte). (Definición.de, Pensamiento Complejo, 2016).

La práctica del Pensamiento Complejo está orientada a provocar un cambio en la mentalidad de las personas donde esté presente una ética de solidaridad, responsabilidad y compromiso moral dirigidos a una conducta más humanizante. (Columbie P. N., La O Lobaina, N., 2012)

DEFINICIONES

Morin define la complejidad como "un tejido (complexus: lo que está tejido en conjunto) de constituyentes heterogéneos inseparablemente asociados; presenta la paradoja de lo uno y lo múltiple. Al mirar con más atención, la complejidad

es, efectivamente, el tejido de eventos, acciones, interacciones, retroacciones, determinaciones, azares, que constituyen nuestro mundo fenoménico.".
(Morin, E., 1990)

PRINCIPIOS DEL PENSAMIENTO COMPLEJO

- Principio Dialógico. Este principio asocia dos términos a la vez complementarios y antagonistas. Esto permite mantener la dualidad en el seno de la unidad. Ejemplos: Orden y Desorden, son enemigos pero al mismo tiempo colaboran y producen la organización y la complejidad.
- Principio de la Recursividad Organizacional. Un proceso recursivo es aquel en el que los productos y los efectos son al mismo tiempo causas y productos de aquello que los produce. Somos productos de un proceso de reproducción y luego nos volvemos productores

del mismo proceso. Los individuos producen la sociedad que los produce.

- Principio Hologramático. No solamente la parte está en el todo, sino que el todo está en la parte. Esta es una idea que va más allá del reduccionismo que solo ve las partes y del holismo que solo ve el todo.
La idea hologramática está ligada a la idea recursiva, y ésta ligada a la idea dialógica.

Conceptos básicos del Pensamiento Complejo

Del libro *"Introducción al pensamiento complejo"* de Edgar Morin, he extraído los siguientes conceptos:

- Hemos estado viviendo sometidos a los principios de disyunción, reducción y abstracción, que constituyen el paradigma de la simplificación. Es el principio formulado por Descartes en el siglo XVII que postula ideas claras y distintas, pero que ha desarticulado la filosofía y la ciencia y ha permitido "sin duda" enormes progresos científicos y de reflexión filosófica, pero que también ha tenido consecuencias nocivas que apenas se comenzaron a revelar a partir del siglo XX.

- El pensamiento simplificante, (dice Morin), no concibe la unión de lo uno y lo múltiple, desintegra la complejidad de lo real.
- El Pensamiento Complejo busca el conocimiento multidimensional, aun sabiendo que es imposible el conocimiento completo. Igualmente se postula la existencia de un lazo inseparable entre el observador y la cosa observada.
- Hay en el universo un principio de degradación y de desorden. El cosmos no es una máquina perfecta. La partícula no es un ladrillo primario, sino una frontera sobre una complejidad tal vez inconcebible.
- Desde el átomo hasta la galaxia, la molécula, la célula, el organismo y la sociedad, todos pueden ser

concebidos como sistema (asociación combinatoria de elementos diferentes).

- Los sistemas vivientes son sistemas abiertos, dependen de una alimentación exterior material, energética y organizacional informacional.
- La relación del sistema con su ambiente no es de una simple dependencia, sino que es constitutiva del sistema.
- La neguentropía o entropía negativa significa el desarrollo de la organización, de la complejidad.
- En la diferencia entre la máquina viviente (autoorganizadora) y la máquina artefacto, von Neumann inscribió una paradoja: la máquina artefacto posee elementos muy fiables si se juzgan en forma separada, pero la máquina en su conjunto es mucho menos fiable. Una alteración en uno de sus constituyentes y la máquina deja de funcionar. Al contrario, en la máquina viviente (auto-organizada), sus componentes son poco confiables, son moléculas que se degradan rápidamente. Las

moléculas, como las células mueren y se renuevan, y el organismo permanece idéntico a sí mismo. El conjunto es muy confiable, pero sus constituyentes lo son muy poco.

- En la máquina viviente están presentes los dos fenómenos: la desorganización (entropía) y la reorganización (la neguentropía).
Orden y desorden aparecen así asociados.
- El sistema auto-organizador mantiene relaciones muy ricas, aunque dependientes, con su ambiente. Ese sistema auto-eco-organizador (así le llama Morin) no puede bastarse a sí mismo, sino que tiene que introducir en sí mismo al ambiente ajeno. En la ciencia, continúa diciendo Morin, la complejidad había surgido, sin decir su nombre, en el siglo XX, en la micro-física y en la macro-física. La relación entre el observador y lo observado, la partícula elemental que se presenta ya como onda, ya como corpúsculo.

- En la macro-física se hacía depender la observación del lugar del observador, complejizando las relaciones entre tiempo y espacio.
- La complejidad aparece claramente en escena con Wiener y Ashby, los fundadores de la Cibernética, y con von Neumann, el concepto aparece entrelazado con la auto-organización.
- En la complejidad se ve una gran cantidad de interacciones e interferencias entre una gran cantidad de unidades (moléculas en una célula, células en un organismo, células en el cerebro humano, etc.). Igualmente comprende también incertidumbres, indeterminaciones y fenómenos aleatorios. Siempre está relacionada con el azar.
- Hay en la complejidad una mezcla entre orden y desorden. No se pueden eliminar la imprecisión, la ambigüedad y la contradicción.
- La complejidad no se limita a los nuevos desarrollos científicos. Está presente en la vida cotidiana. Así ha sido ya percibida y descrita por la

novela del siglo XIX y del XX (Balzac en Francia, Dickens en Inglaterra). Cada ser tiene una multiplicidad de identidades y de personalidades en sí mismo. El monólogo interior es parte de esa complejidad. Cada uno de nosotros se conoce poco a sí mismo, solo conocemos una apariencia de sí mismo. No es solamente la sociedad la compleja sino que cada individuo miembro de ella.

- En el siglo XIX, la ciencia tiene la idea de que existe un universo concebido como una máquina determinista perfecta que se basta a sí misma.

- Con el paradigma de la simplificación la ciencia ha estado estudiando al hombre en compartimientos separados. Al hombre biológico en el departamento de Biología, al hombre cultural en los departamentos de ciencias humanas y sociales. Estudiamos al cerebro como órgano biológico y al espíritu, la mente, como función o realidad psicológica. No nos damos cuenta que el uno no existe sin el otro, uno es al mismo tiempo el otro.

- En los últimos decenios hemos comprendido que el orden y el desorden, siendo enemigos uno del otro, cooperan de alguna manera para organizar el universo.
- Con la teoría del Big Bang, el universo comienza como una desintegración, y a través de ella se organiza. El mundo se organiza desintegrándose.
- Siete siglos antes de Cristo, Heráclito decía: "Vivir de muerte, morir de vida." Vivimos de la muerte de nuestras células, así como la sociedad vive de la muerte de sus individuos, lo que le permite rejuvenecer.

La aceptación de la complejidad es la aceptación de la contradicción.

- La noción de autonomía humana es compleja, ya que depende de condiciones culturales y sociales. Es pues una autonomía nutrida por la dependencia. Dependencia de una educación, de un lenguaje, de una cultura, de una sociedad, de un cerebro, de nuestros genes.

- Poseemos genes que nos poseen. Somos autónomos y poseídos.
- En la visión clásica de la ciencia, la aparición de una contradicción era una señal de error. En la visión compleja, eso no significa error, sino que es el hallazgo "de una capa profunda de la realidad, que, justamente porque es profunda, no puede ser traducida a nuestra lógica".
- Cuando tenemos el sentido de la complejidad tenemos el sentido de la solidaridad. Tenemos el sentido del carácter multidimensional de la realidad.
- Toda visión unidimensional, toda visión especializada, parcial, es pobre. Es necesario ligarla a otras dimensiones.
- No podremos escapar jamás a la incertidumbre. Estamos condenados al pensamiento incierto. Pero somos capaces de pensar en esas condiciones dramáticas.
- La complicación es uno de los constituyentes de la complejidad.

La racionalidad es el diálogo entre las estructuras lógicas de nuestro espíritu y el mundo real. Cuando ese mundo no está de acuerdo con nuestro sistema lógico, debemos admitir que éste es insuficiente, ya que no se encuentra más que con una parte de lo real.

- La racionalización es querer encerrar la realidad dentro de un sistema coherente. Tenemos tendencia a descartar lo que va a contradecir a nuestras ideas, a minimizar o rechazar los argumentos contrarios.
- No hay que tratar de definir a las cosas importantes por las fronteras, las fronteras son siempre borrosas. Hay que tratar de definir el corazón, lo que requiere a menudo macro-conceptos.
- La acción es estrategia. Se imaginan un cierto número de escenarios para la acción, que podrán ser modificados según la información que se reciba

en el curso de la acción y según los elementos aleatorios que surgirán. La estrategia lucha contra el azar y lo aprovecha. Debemos ser conscientes de las derivas y las bifurcaciones. Situaciones iniciales muy vecinas pueden conducir a desvíos irremediables.

- El dominio de la acción es aleatorio e incierto.
- La acción escapa a nuestras intenciones. Ocurre la ecología de la acción. En el momento que se emprende una acción ésta comienza a escapar del individuo que la inició. Entra en un universo de interacciones, el ambiente toma posesión de ella, en un sentido que puede volverse contrario a la intención inicial. Por lo tanto la acción emprendida debe ser seguida para tratar de corregirla si es necesario.

- La acción supone complejidad: elementos aleatorios, azar, iniciativa, decisión, conciencia de las derivas y las transformaciones.
- El pensamiento de la complejidad es un desafío.
- Una visión simplificada lineal resulta mutilante.
- Todo lo que se refiere al surgimiento de lo nuevo es no trivial, no puede ser predicho por anticipado.
- Toda crisis es un incremento de las incertidumbres.
- Es necesario frecuentemente abandonar viejas soluciones y elaborar soluciones novedosas.
- La complejidad nos vuelve prudentes. Prepararse para lo inesperado. No creer que lo que sucede ahora continuará indefinidamente.
- El Pensamiento Complejo no rechaza a la claridad, el orden, el determinismo, pero los sabe insuficientes. No podemos programar el descubrimiento, el conocimiento, ni la acción.

- El Pensamiento Complejo te dice: "No olvides que la realidad es cambiante, no olvides que lo nuevo puede surgir y, de todos modos va a surgir.".

  En la complejidad, el todo puede ser más que la suma de las partes, pero también puede ser menos que la suma de las partes. Y el todo puede ser más y, al mismo tiempo, menos que la suma de las partes.

- El universo entero es un cocktail de orden, desorden y organización.

- Orden es todo aquello que "es repetición, constancia, invariabilidad, todo aquello que puede ser puesto bajo la égida de una relación altamente probable, encuadrado bajo la dependencia de una ley.

- Desorden es todo aquello que es irregularidad, desviación con respecto a una estructura dada, elemento aleatorio, imprevisibilidad.
- Las organizaciones tienen necesidad de orden y de desorden.
- Toda organización tiende a degradarse y a degenerar.
- Desintegración y decadencia es un fenómeno normal.
- La única manera de luchar contra la degeneración está en la regeneración permanente.
- La noción de estrategia se opone a la de programa. Cuando las circunstancias exteriores no son favorables, el programa se detiene o falla.
- La estrategia toma en cuenta situaciones y elementos aleatorios, y está destinada a modificarse en función de las informaciones provistas durante el proceso.

- Un exceso de complejidad es, finalmente, desestructurante.

- Nuestro universo, en el cual todas las cosas están separadas en y por el espacio es, al mismo tiempo, un universo en el que no hay separación.

- En nuestro universo de la distinción, hay otra cosa (¿por detrás?) en la cual no hay distinción.

- En el tras-mundo no hay ni complejidad, ni simplicidad, ni orden, ni desorden, ni organización.

- En el desarrollo de la ciencia jamás encontramos lo que buscamos. Más aún, encontramos lo contrario de lo que buscamos. Creemos encontrar la llave, el elemento simple, y encontramos algo que relanza o da vuelta al problema.

- El orden, el desorden y la organización son interdependientes, y ninguno es prioritario.

- La ciencia es la aventura de la inteligencia humana que ha aportado descubrimientos y enriquecimientos sin precedentes, a los que la reflexión solamente era incapaz de acceder.

- Ello no me lleva, de ninguna manera, a echar de menos, por lo tanto, toda Filosofía, porque hoy, en ese mundo glacial, se halla el refugio de la reflexibilidad. Pienso que la unión de una y otra, por más difícil que sea, es posible, y no me resigno al estado de disyunción o de divorcio que reina y que es, generalmente, sufrido o aceptado.

- No hay coincidencia entre la conciencia del científico y lo que él hace en verdad.

- La edad de hierro planetaria señala que hemos entrado en la era planetaria en la cual todas las culturas, todas las civilizaciones están, de ahora en más, e interconexión permanente. Indica al mismo tiempo que a pesar de las intercomunicaciones, estamos en una barbarie total en las relaciones entre razas, entre culturas, entre etnias, entre potencias, entre naciones, entre superpotencias. Estamos en la edad de hierro planetaria y nadie sabe si saldremos de ella.

(Morin, E., 1990)

Capítulo 5. LA DINÁMICA DE LA REALIDAD

"... la sorpresa no es necesariamente el resultado de racionalidad limitada, información limitada o del diseño del sistema, sino que a menudo es el resultado de la naturaleza fundamental del sistema en cuestión. La teoría de la complejidad sugiere que mucha sorpresa es inevitable porque es parte del orden natural de las cosas y no se puede evitar, eliminar, o controlar."

Reuben R. McDaniel, Jr. y Dean J. Driebe

La realidad no es una fotografía, es una película en proceso. En ella hay energía, acción constante y dinamismo. Una película donde los actores no cuentan con un guión que previamente han leído y aprendido, ni conocen con exactitud sus compañeros de actuación ni el escenario. Todo, cada día, aunque parezca igual, es nuevo. Cambia el escenario, cambian los actores, cambia el argumento, y el rodaje continúa. Se aparecen sorpresas, y la acción no decae. Las situaciones parecen ser ambiguas, pero la acción no se detiene. Se encuentran paradojas, donde lo que parece ser no es, y la acción prosigue. A veces las consecuencias de las acciones no son las que se esperan, pero la acción persiste.

La realidad no es una fotografía, es una película maravillosa.

EL CAMBIO

Desde los albores de la ciencia y de la filosofía, se ha reconocido que el cambio y no la estabilidad, es un acompañante permanente de la vida. Cambian los elementos físicos, cambia la naturaleza y cambian los seres vivos.

El cambio es una característica central de los Sistemas Complejos Adaptativos. Estos sistemas son abiertos y están en continuo intercambio de información, materia y energía con el ambiente que les rodea.

Cambia el ambiente y los elementos o agentes del sistema se adaptan, es decir cambian ante las nuevas situaciones. En los agentes estos cambios ocurren en las diferentes dimensiones cognitiva, social, emocional, espiritual y física. Y del enlazamiento e influencia mutua entre ellas, nacen las conductas individuales y del sistema.

El estudio de las Ciencias de la Complejidad es en buena parte el estudio del cambio.

Las dimensiones del cambio son variadas. Los cambios pueden ser pequeños, medianos, grandes. Pueden ser continuos o discretos, rápidos o lentos. Pueden ser esperados o sorpresivos. Pueden involucrar uno o muy pocos elementos o agentes de un sistema, o por el contrario, ser masivos. En los sistemas humano-tecnológicos pueden ser visibles y reconocibles por todos los integrantes del sistema, o ser mínimos y casi invisibles.

En un sistema lineal, los cambios en los componentes del sistema producen cambios proporcionales a nivel del sistema. Es decir cambios pequeños en los componentes producen cambios pequeños a nivel del sistema. En los sistemas no lineales, que es el caso de los sistemas complejos, los cambios pequeños en los componentes pueden producir cambios pequeños, grandes o ningún cambio a nivel del sistema. Es esa la característica de la no linealidad.

Ante un mundo de cambios constantes, los individuos, las organizaciones de diferente índole, deben ser capaces de adaptarse a esos cambios no de una manera pasiva sino a través de la interacción y la influencia recíprocas. Adaptarse y lograr también la adaptación del ambiente al sistema mismo.

LA SORPRESA

Entendemos por sorpresa cuando la realidad aparece diferente a las expectativas que tenemos de ella.

Cada día cuando leemos el periódico, vemos el último noticiero de televisión o escuchamos las noticias por la radio, nos enteramos de la cadena de sorpresas que, en diferentes escenarios, nos ofrece el mundo. Puede ser la erupción de un volcán que hasta hace poco era inactivo, inundaciones en un país lejano, ataques terroristas en una ciudad del primer mundo, efectos de la sequía en otra parte del globo, alza de los precios del petróleo, la aparición de un nuevo dispositivo inteligente que facilita la comunicación entre los humanos y las máquinas, el descubrimiento de un nuevo medicamento, la caída de la bolsa de valores, etc. En fin las sorpresas aparecen en el campo de la economía, de la política, de la ecología, de la industria, etc.

Las sorpresas ya no parecen ser sorpresas sino la norma en esta era de cambios permanentes.

A pesar de que siempre hemos vivido en un mundo lleno de sorpresas, la tendencia humana natural ha sido la de considerarlas como algo no deseado. Con frecuencia lo inesperado nos causa desasosiego y temor, cuando en realidad deberíamos verlas como oportunidades para encontrar enfoques nuevos y desarrollando nuestra creatividad y aprendizaje aprovecharlas para encontrar y desarrollar nuevas estrategias. (McDaniel Jr., R. R., Jordan, M. E., Fleeman, B. F., 2003).

Estos mismos autores recomiendan adoptar una respuesta positiva a la sorpresa: aprender como pensar ante eventos inesperados; reconocer que existen muchas maneras de construir el mundo; aceptar que el mundo puede ser normalmente más complicado que simple; actuar con lo que sucede y no con lo esperado; y ante una sorpresa, no entrar en pánico, lo que está sucediendo no se aparta de lo normal en la vida.

Para manejar las sorpresas en forma adecuada en los sistemas complejos es necesario el desarrollo de otras características que más adelante ampliaremos: la robustez y la resiliencia.

LA INCERTIDUMBRE

Decimos que hay incertidumbre cuando no existe la capacidad para predecir las consecuencias de una acción o el estado futuro del agente, del sistema o del entorno. (McDaniel, Jr., R. R., Driebe, D. J. 2005)

Las situaciones de incertidumbre pueden deberse a la falta de información o a la complejidad del sistema. Esta última es debida a la interacción e interdependencia en los elementos del sistema.

La percepción de la incertidumbre varía según las posiciones, educación e intereses económicos e ideológicos de los individuos, la calidad de sus interacciones y su capacidad de coordinación.

Los resultados que se pueden lograr ante situaciones de incertidumbre varían según la actitud con que se reciban. El resultado será diferente si el propósito principal es reducirla o si se acepta la incertidumbre como una consecuencia natural de la complejidad y se busca como aprender, experimentar, reconocer la existencia de los errores no para castigar a responsables, sino como oportunidades de aprendizaje.

LAS CONSECUENCIAS INESPERADAS

En 1936, el Profesor Robert K Merton, en un trabajo que ya es clásico, popularizó la **Ley de las Consecuencias Inesperadas**, estableciendo que:

- Las consecuencias imprevistas no necesariamente son consecuencias indeseables.
- Las consecuencias resultan de la interacción de la acción y la situación objetiva.
- No debe deducirse que la acción intencional implica "racionalidad" de la acción humana.
- Las consecuencias imprevistas pueden surgir tanto de acciones no organizadas individuales, como de acciones formalmente organizadas de grupos.

Entre los factores responsables de una previsión incorrecta de las consecuencias están:

§ Falta de conocimiento adecuado. Aunque se tengan experiencias pasadas parecidas a la situación que se enfrenta, de hecho se tratará de experiencias diferentes. Citando a Poincaré, dice: "...pequeñas diferencias en las condiciones iniciales producen diferencias muy grandes en los fenómenos finales...La predicción se vuelve imposible y tenemos el fenómeno fortuito." El conocimiento parcial permite que exista una gama de resultados inesperados de conducta.

§ El error. Errores en la apreciación de la situación actual, en la inferencia de la situación futura, en la selección del curso de acción, o en la ejecución de la acción elegida. No tomar en cuenta que procedimientos exitosos en determinadas condiciones no lo son cuando se trata de circunstancias diferentes. No considerar todos los elementos del problema.

§ "La inmediatez imperiosa de interés". Preocuparse sólo de las consecuencias inmediatas de la acción y no considerar otras consecuencias de la misma acción.

§ En casos de futuros desarrollos sociales, el hecho de predecirlos en forma pública introduce un nuevo elemento que influye también en el curso futuro de los eventos predichos.

(Merton, R. K., 1936)

Ejemplos de Consecuencias Inesperadas

Los ejemplos de consecuencias inesperadas son muchos y en casi todos los campos. Algunas consecuencias traen beneficios inesperados, otras acarrean efectos negativos y muy distintos a lo que se propuso lograr. Estos son algunos ejemplos de ambos tipos:

- La creación de "tierras de nadie" durante la guerra fría, en sitios fronterizos de Europa Oriental y Occidental y la zona desmilitarizada de Corea ha creado grandes hábitats naturales.
- El hundimiento de barcos en tiempo de guerra ha creado arrecifes de coral artificiales de valor científico y atractivo para buceadores.
- Los efectos colaterales de los medicamentos, tales como el efecto anticoagulante del analgésico conocido como aspirina que ayuda a prevenir ataques cardíacos.
- La reducción en el número de ciclistas juveniles en el estado de Victoria, Australia, a causa de la ley que impuso el casco de seguridad como obligatorio para todos los que andan en bicicletas.
- La prohibición de bebidas alcohólicas en los Estados Unidos, en 1920, consolidó el

mantenimiento del crimen organizado basado en la industria ilegal del alcohol.
- La guerra contra las drogas, también ha consolidado la extensión y dominio de los carteles organizados de la droga en muchos países del mundo.
- El financiamiento encubierto de los muyahidines Afganos contribuyó al surgimiento de Al-Qaeda.
- La introducción de conejos en Australia y Nueva Zelanda, con fines de nuevas fuentes de alimentación, ha llevado a que los conejos sean una importante plaga salvaje en estos países.
- Sapos de caña, que se llevaron a Australia para controlar las plagas de los cañaverales, se han convertido ahora en una plaga principal.
- Kudzu, que se introdujo como planta ornamental y luego se utilizó para prevenir la

erosión en los movimientos de tierra, se ha convertido en problema importante en el Sureste de los Estados Unidos, al desplazar a plantas nativas y tomar porciones importantes de tierra.

- El surgimiento del Efecto Streisand, que es un fenómeno de Internet que ocurre cuando se quiere censurar o remover cierta pieza de información (fotografía, documentos), causa muchas veces que la información censurada se vuelva más ampliamente conocida y distribuida.
- Al endurecer las penas por conducir en estado de intoxicación en los Estados Unidos en los 1980s llevó, al principio, a un aumento de los accidentes donde los conductores ebrios huían de los accidentes. Más tarde, las penas por huir del lugar del accidente fueron endurecidas.

- En muchas ciudades, el control de la renta para hacer las viviendas más accesibles a las personas de bajos ingresos, ha provocado muchas veces una escasez de viviendas, reduciendo la cantidad y calidad de las viviendas disponibles.
- La campaña de abstención del alcohol en Irlanda, en el siglo 19, en la que muchos prometieron no volver a tomar nunca alcohol, condujo al consumo de éter, que es un intoxicante más peligroso.
- El pago a los ejecutivos de las corporaciones en proporción al tamaño de su corporación, ha llevado a que muchos de ellos busquen hacer crecer sus compañías mediante las fusiones, aún a detrimento de sus accionistas.
- En la India, había un programa para eliminar ratas, en el que se pagaba una recompensa por

cada piel de rata. Esto condujo, en su lugar, al cultivo de ratas.

- El requerimiento de *passwords* fuertes para acceder a sistemas de control hace que muchos usuarios escriban sus *passwords*, lo que destruye la ventaja de seguridad de los *passwords* fuertes.

- La introducción del DDT como pesticida condujo a la acumulación de este químico en muchos pájaros, matándolos o interfiriendo con su reproducción.

- La implementación de sistemas de información para la atención a pacientes, como medio de reducir los errores médicos ha llevado en muchos países al incremento de los errores en lugar de su reducción. Los errores han estado en el proceso de introducir la información o en el de recuperación de la misma, o en los procesos de comunicación y coordinación que se supone son apoyados por los sistemas. (Ash, J. S., Berg, M., Coiera, E., 2004). (Tercero Talavera, I., 2010)

LAS PARADOJAS

A través de la interconectividad e interdependencia, las retroalimentaciones positivas y negativas y la no linealidad, existentes en los sistemas complejos adaptativos, surgen de manera inevitable las paradojas. Se generan tensiones y la incertidumbre parece ser la compañía permanente de estas situaciones de cambio constante.

¿Qué significa Paradoja?

Paradoja, del latín *"paradoxus"* y éste del gr. "παράδοξος", según el Diccionario de la RAE, tiene las siguientes acepciones: Idea extraña u opuesta a la común opinión y al sentir de las personas; Aserción inverosímil o absurda, que se presenta con apariencia de verdadera; Figura de pensamiento que consiste en emplear expresiones o frases que envuelven contradicción. (RAE, Diccionario, 2010)

Las paradojas son útiles ya que nos fuerzan a examinar los fundamentos lógicos o científicos en que se basan o a reflexionar sobre nociones filosóficas esenciales.

En los Sistemas Complejos, dada sus particulares características, las paradojas existen, conviene develarlas ya que muchas veces representan, junto con la tensión que originan, el punto de partida para la innovación, la creatividad y el progreso en una organización.
(Zimmerman, B., Lindberg, C., Plsek, P., 2001)

Paradojas en la Gestión

Para la gestión efectiva de una organización se considera muy positivo el poder manejar puntos de vista competidores, ellos aparecen con frecuencia en el mundo turbulento de la complejidad y en vez de rehuirlos es conveniente identificarlos, explorarlos para poder extraer de ellos, de su dinamicidad e interacción, el mejor camino que el momento y las circunstancias requieran.

Tal como lo dice Gareth Morgan, en la gestión no hay teorías correctas o incorrectas en forma absoluta, ya que toda teoría puede iluminar u ocultar el camino adecuado. (Morgan, G., 2006)

El proceso de aprendizaje en "circuito doble" de Chris Argyris, es paradójico ya que se guía por normas que a su vez tienen que ser constantemente desafiadas. En el aprendizaje en "circuito simple" cuando algo va mal, basándose en las metas, valores, planes y reglas elegidas, se detectan los errores y se corrigen. En el aprendizaje de "circuito doble", a lo anterior se suma un cuestionamiento a las mismas variables elegidas para detectar los errores, ¿son ellas correctas o no?, ¿deben modificarse o cambiarse? En el aprendizaje de circuito simple, las metas, valores, marcos de trabajo, se dan por sentados y correctos. En el aprendizaje de circuito doble, se cuestiona el papel de los elementos que subyacen en la elaboración y aprendizaje mismos de esas variables determinantes. (Smith, M.K., 2001)

En el aprendizaje en general parece estar presente esta paradoja. En una empresa los nuevos conceptos aprendidos amenazan a las conductas establecidas que por temor a la pérdida de posición se oponen al cambio buscado y generan las tensiones. (Morgan, G., 2006)

Otras paradojas, señaladas por Zimmerman, B., Lindberg, C., Plsek, P., que existen en las organizaciones vistas a través de lentes de la complejidad son:

- Dar orientación sin dar directrices.
- Liderar sirviendo.
- Mantener autoridad sin ejercer control.
- Establecer la dirección cuando no conocemos el futuro.
- Oponerse al cambio aceptándolo.
- Aceptar el cambio oponiéndose a él.
- Cómo una organización grande puede ser pequeña.
- Cómo una organización pequeña puede ser grande.
- Cómo podemos ser al mismo tiempo un sistema y muchas partes independientes.

(Zimmerman, B., Lindberg, C., Plsek, P., 2001)

Otras paradojas que han sido mencionadas:

- Cuando las cosas empiezan a mejorar, parecen estar poniéndose peor.
- Entre más haces, menos puedes hacer. El premio por trabajar bien es hacer más trabajo.
- Herramientas diseñadas para aumentar la productividad disminuyen la productividad.
- Intentos para aumentar el control, reducen lo que puedes controlar.
- El tratar de mantenerte en el negocio puede sacarte del negocio.
- Entre más importante es la decisión, menos informado es el tomador de decisiones.
- Intentar resolver un problema puede hacerlo peor.
- La solución a muchos problemas es un problema opuesto.

- Entre más grande son las cosas, es más difícil verlas.
- El que algo sea verdadero no significa que lo opuesto no pueda ser también verdad.

(Gray, D., 2014)

LA AMBIGUEDAD

Qué significa ambigüedad

Según el Diccionario de la RAE, se entiende por Ambiguo aquello que tiene varias interpretaciones, y que por lo tanto puede generar duda, incertidumbre o confusión. (Real Academia Española, 2010)

En las organizaciones, cuando pensamos que la predicción y el control son posibles, las situaciones de ambigüedad nos generan ansiedad o rechazo. Sin embargo esa ambigüedad, proveniente de múltiples interpretaciones de la realidad, puede ser un mecanismo importante para obtener información valiosa para tomar decisiones mejores. (Wheatley, M. J., 1999).

En los Sistemas Complejos, la ambigüedad no es algo excepcional, sino, algunas veces, frecuente. Sus raíces están en la gran cantidad y diversidad de agentes constituyentes del sistema, cada uno con percepciones diferentes sobre la situación o problemas abordados. (Hommes, S.,1980).

Según Tom Murray, Sara Ross, Jan Inglis, las fuentes de la Ambigüedad, la Incertidumbre y la Paradoja, pueden ser tanto externas como internas. Fuentes externas son: información excesiva o no confiable, interrelaciones complejas, y los dilemas. Como causas internas se citan a las múltiples perspectivas, opiniones y agendas de los miembros de un grupo, y en los individuos, los supuestos ocultos, las creencias conflictivas y los deseos. (Murray, T., Ross, S., Inglis, J., 2008)

Entre las recomendaciones que se dan a los gerentes o responsables de una organización para afrontar las ambigüedades están:

- No dejar de tomar decisiones.
- Tomar una decisión y luego cambiarla si es necesario.
- Confiar en sus instintos.
- Delegar. Si se tiene confianza en otra persona que pueda tener más conocimiento o experiencia en el asunto, delegue la decisión a ella.
- Saber que puede venir la buena o la mala suerte.
- Está bien equivocarse. Nadie es perfecto. Tolerar la ambigüedad es lo que le da la capacidad de sobrevivir como empresario. (Ritter, B. s.f.).

Para las situaciones de ambigüedad, Karl Weick considera que lo adecuado es "dar sentido" (sensemaking) a lo que se percibe, y adquirir una consciencia de la situación. Para ese "dar sentido", que es la construcción de interpretaciones plausibles de señales ambiguas suficientes para sustentar la acción, este autor considera que los recursos a utilizarse deben ser más sociales que solitarios, tener una identidad más definida que vaga, observar más hacia atrás que hacia adelante, prestar atención más a las señales equívocas que a las confirmadas, manejar un flujo de eventos más continuos que episódicos, utilizar criterios de posibilidad más que de probabilidad y actuar en forma activa más que reactiva. (Weick, K., 2009).

Capítulo 6. CÓMO MANEJAR LOS SISTEMAS COMPLEJOS

La complejidad está en jaque mate por la "claridad", el esfuerzo deliberado para "dar sentido" al caos. En situaciones complejas, los líderes necesitan asegurarse de colaborar con los demás y dejar de buscar soluciones permanentes. Parafraseando un viejo dicho, no deje que lo "perfecto" se convierta en el enemigo de "lo suficientemente bueno".

Paul Kinsinger and Karen Walch, Ph.D.

Los Sistemas Complejos están casi en todas partes, comenzando con nuestro propio organismo, que es un sistema de gran complejidad, nuestras familias, las organizaciones donde laboramos, la ciudad donde residimos, nuestro país, etc., donde quiera que veamos allí están. Somos un sistema complejo inmerso en un mar de ellos. Por tanto hace falta contar con algunas indicaciones o rutas para navegar sin zozobrar en este océano de complejidades. Aquí van algunas de ellas:

1. Valores, creencias, emociones, intuiciones y actitudes están en la raíz de sus acciones.
2. Trate de comprender la globalidad del sistema y de su entorno.
3. Acepte y aproveche el cambio, la incertidumbre, la ambigüedad y las paradojas.
4. Monitoree constantemente los agentes de su sistema, el sistema, su entorno y los resultados de sus acciones.
5. Identifique los patrones de su sistema complejo.
6. Explore y pruebe en los sistemas complejos no hay soluciones únicas.
7. Sea Ágil, Flexible y Adaptable en sus acciones y respuestas.
8. Obtenga múltiples perspectivas y atienda a las múltiples dimensiones del fenómeno que enfrenta.

9. Utilice ambos Enfoques (el Racional, mecanicista, lógico y el Enfoque de complejidad, creativo y de enjambre), según sea la tarea.
10. Hay que planificar, pero hágalo en forma adaptativa.
11. Recuerde que a menudo los resultados no son proporcionales a los insumos.
12. Sea consciente de que no puede predecir a largo plazo el resultado de sus acciones.

A continuación se describen los principales elementos que caracterizan o definen las indicaciones mencionadas:

1. VALORES, CREENCIAS, EMOCIONES, INTUICIONES Y ACTITUDES

Para comprender y actuar mejor en su sistema complejo, usted necesita saber que las acciones que usted toma están basadas en un conjunto de Valores,

Creencias, Emociones, Intuiciones y Actitudes, cuyos conceptos abordamos a continuación.

La interacción de esos elementos está en la base de su toma de decisiones.

Valores: llamamos valor a aquello que es importante en nuestras vidas. Según Shalom H. Schwartz, éstas son características comunes a todos los valores:

1. Son creencias ligadas al afecto. Cuando se activan, se saturan de sentimientos.

2. Se refieren a metas deseables que motivan a la acción.

3. Trascienden acciones o situaciones específicas.

4. Sirven como estándares o criterios para evaluar o decidir.

5. Están ordenados en una importancia relativa que es diferente para cada persona.

6. La importancia relativa de valores múltiples guía la acción.

(Schwartz, S. H., 2006)

Creencias: son las ideas y conceptos que mantenemos como verdaderas, incluso sin tener un conocimiento o evidencia completos.
(O'Connell, T., Cuthbertson, B., Goins, T. ,s.f.)

Nuestras creencias cambian según aprendemos más.

Emociones: Llamamos emociones a un conjunto complejo de respuestas químicas y neuronales que emergen en patrones. Su propósito es ayudar a preservar la vida del organismo. (Ramos, I., Berry, D.M., Carvalho, J. A. ,2002).

Actitudes: Según Jack H. Curtis: Las actitudes son predisposiciones a obrar, percibir, pensar y sentir en relación a los objetos y personas.
(Wikipedia. Actitud, 2016)

Intuición: la capacidad de conocer algo sin un razonamiento consciente. (Vogel, G., 1997).

2. COMPRENDER LA GLOBALIDAD

Trate siempre de comprender la Globalidad del sistema y de su entorno.

En esta comprensión se incluyen todas las partes posibles que usted puede identificar que constituyen el sistema, tanto en sus aspectos físicos, mentales y espirituales, el ambiente que las rodea y las relaciones que esas partes tienen entre sí y con el ambiente. No es una tarea fácil, pero el intento debe hacerse para lograr este enfoque de totalidad, incluyente e integral. Sobre todo es importante que se supere el análisis reduccionista de considerar a cada parte en forma aislada. Muchas veces son las relaciones y no las partes en sí mismas las que desempeñan el papel vital en las situaciones que se presentan en un sistema complejo.

3. ACEPTE Y APROVECHE EL CAMBIO, LA INCERTIDUMBRE, LA AMBIGÜEDAD Y LAS PARADOJAS

Acepte y aproveche el cambio, la incertidumbre, la ambigüedad y las paradojas en las cuales navega su sistema. Todo ello es normal y no debe generarle mayor ansiedad y confusión.

VUCA (VICA)

Hay un acrónimo en inglés, VUCA, cuyas siglas significan V=Volatility (Volatilidad), U=Uncertainty (Incertidumbre), C=Complexity (Complejidad), A=Ambiguity (Ambigüedad), que representa de manera muy cierta lo que sucede en el mundo actual. La volatilidad existe debido a la enorme velocidad del cambio que podemos observar en la realidad que nos rodea.

Para hacer frente a la Volatilidad, se recomienda la Visión. Tener muy claro lo que desea y a dónde se quiere llegar y comunicar claramente esa visión. Desde luego, estar abierto a las múltiples maneras de alcanzarla.

Ante la Incertidumbre, los líderes deben tener la capacidad de detenerse, ver y escuchar. Hay que buscar siempre perspectivas nuevas y mantener flexibilidad para las soluciones.

La Complejidad demanda claridad, interpretar y dar sentido lo mejor posible a las situaciones que confrontamos. Colaborar con otros y no pretender encontrar soluciones permanentes.

Para la Ambigüedad, la recomendación es desarrollar agilidad y adaptabilidad para comunicarse y movilizarse con rapidez en la aplicación de soluciones. Agilidad para mantenerse a flote ante lo que no puede evitarse y aprovechar lo que puede ser aprovechado.

Las recomendaciones de Paul Kinsinger y Karen Walch de la Thunderbird School of Global Management de Phoenix, Arizona, incluyen la de desarrollar y participar en redes sociales. Buscar como potenciar el liderazgo en todos.

(Kinsinger, P., Walch, K. s.f.)

4. MONITOREE CONSTANTEMENTE

Monitoree constantemente los agentes de su sistema, el sistema, su entorno y los resultados de sus acciones.

Este monitoreo permanente facilitará la detección en el ambiente de oportunidades y amenazas para todo el sistema y al mismo tiempo permite identificar fortalezas y debilidades en los agentes, que pueden ser utilizadas o mejoradas para beneficio de todos.

Las oportunidades y amenazas no están precisamente en donde usted más espera. Recuerde que estamos en un mundo de sorpresas.

Se precisa conocer:

1. Los participantes en el sistema y sus relaciones asociadas e interacciones.
2. Las fuerzas que influencian el sistema y sus relaciones.
3. Las conductas estables, las emergentes y las cambiantes en el sistema.

Los expertos recomiendan obtener información sobre el contexto del sistema, lo que se hace a través de narrativas que se obtienen de personas representantes del ambiente, mediante entrevistas, grupos focales o encuestas. ¿Qué ha ocurrido en relación con el sistema, por qué, cómo y quiénes? También la información puede obtenerse de periódicos, revistas, emisiones de radio y T.V., sitios web, e informes.

Un indicador importante para detectar señales débiles son los cambios de conducta en los participantes en el sistema complejo adaptativo. Cuando de las conductas estables se pasa a conductas cambiantes. Algo está ocurriendo u ocurrirá en el futuro inmediato. Eso debe investigarse.

El monitoreo para detectar nuevas conductas, identificar fuerzas operantes en el sistema y analizar relaciones estables, emergentes o cambiantes, constituye un elemento valioso para identificar amenazas en los diferentes niveles de la cadena de valor: clientes, competidores, distribuidores y proveedores. (Costanzo, C., Littlejohn, I., 2006)

Igualmente es necesario monitorear los resultados de las acciones tomadas a fin de detectar consecuencias inesperadas no deseables y así poder realizar los ajustes necesarios.

El monitoreo sistemático permite detectar errores y fallas, que no deben ocultarse sino más bien considerarlas como oportunidades de aprendizaje. Igualmente a través del monitoreo se podrán identificar comportamientos y resultados exitosos. Si usted está a cargo de un equipo, recuerde siempre reconocer y elogiar a la o las personas autoras de estos comportamientos. Ello constituye un aporte importante para la motivación en el trabajo

5. IDENTIFIQUE LOS PATRONES

En todo Sistema Complejo existen patrones de comportamiento. Algunos son positivos y contribuyen al éxito global del sistema. Otros pueden ser negativos. Es conveniente identificar unos y otros para, en forma participativa, y si es posible, actuar sobre los factores que estimulan su formación y/o sobre los que la inhiben.

6. EXPLORE Y PRUEBE

En los sistemas complejos no hay soluciones únicas. En un mundo complejo, donde los factores son múltiples y diversos, donde todo está interconectado, donde insumos pequeños pueden causar grandes efectos, los problemas no son algo excepcional, sino lo contrario.

La solución de esos problemas solo depende del nivel de pensamiento creativo con que se encaren.

El Dr. Robert Harris nos da algunos conceptos valiosos de recordar sobre este tema:

- La creatividad es la capacidad de imaginar o inventar algo nuevo.
- Todos tenemos una capacidad creativa sustancial.
- Creatividad es también la actitud de aceptar el cambio, y la novedad.
- Creatividad es un proceso que implica trabajar duro y continuamente.

Los cinco métodos clásicos de la creatividad son:

- Evolución. El método de mejoras incrementales.
- Síntesis. Dos o más ideas se combinan para generar una tercera nueva.
- Revolución. La nueva idea es completamente diferente a las anteriores.

- Reaplicación. Mirar algo viejo de una manera diferente.
- Cambio de dirección. Cambiar la atención de un ángulo del problema a otro.

Para desarrollar una creatividad exitosa deberemos cambiar actitudes negativas tales como la reacción negativa ante los problemas, creer que los problemas no tienen solución o que no estamos capacitados para enfrentarlos aún sin haberlo intentado, tener miedo al fracaso y a los errores, por otras actitudes positivas como la curiosidad, el desafío, el descontento constructivo, creer que la mayoría de los problemas pueden ser solucionados, suspender el juicio y las críticas, encontrar lo bueno en lo malo, creer que los problemas llevan a mejoras, que un problema puede ser una solución para alguna otra cosa, y que los problemas son emocionalmente aceptables.

El enfrentamiento a los problemas será exitoso si lo hacemos con perseverancia, imaginación flexible, y sin miedo a cometer errores.

(Harris, R., 1998)

7. SEA ÁGIL, FLEXIBLE Y ADAPTABLE

Sea **Ágil, Flexible y Adaptable** en sus acciones y respuestas.

El cambio en los sistemas, en las organizaciones, sucede en forma constante, aunque muchas veces no lo percibimos. En los Sistemas Complejos Adaptativos, que son sistemas de gran dinamismo y que están abiertos al ambiente en el que están insertos, el cambio es inevitable.

Un elemento decisivo para una gestión exitosa es la agilidad, definiendo ésta como la rapidez con que una organización responde a los cambios en sus ambientes internos y externos.

Para cumplir lo anterior la organización debe contar con un capital humano que posea la capacidad y destrezas para responder a esas nuevas situaciones y desde luego la estructura y procesos necesarios para movilizar a ese capital humano.

Conceptos de las ciencias de la complejidad tales como interacciones, coevolución, auto-organización y borde del caos, son útiles para entender el desarrollo de la Agilidad. (HRZone, 2016) (Wikipedia, Business agility, 2016)

En el desarrollo de la Agilidad en una organización o empresa se han identificado cuatro procesos principales: Exploración, Explotación, Adaptación y Salida.

La Exploración se refiere a la generación y prueba de nuevas ideas. Explotación ocurre cuando algunas de esas ideas son transformadas en soluciones, productos o servicios que deben ser puestos rápidamente en el mercado. Adaptación está relacionada con la detección temprana de necesidades o amenazas emergentes y el montaje de respuestas inmediatas. Finalmente, aceptando que nada es para siempre, el sistema debe tener la capacidad de aplicar el cuarto proceso, la Salida, es decir el abandono de una solución utilizada cuando ya ésta ya no ofrece ni la utilidad ni la calidad que pudo tener cuando fue adoptada. (Dyer, L., & Ericksen, J. 2006).

En la búsqueda de Adaptabilidad las organizaciones, en lugar de ser expertas en hacer una sola cosa, deben buscar como ser expertas en aprender a hacer cosas nuevas. Será preciso que tengan la capacidad para leer las señales de cambio en el ambiente y de actuar rápidamente a partir de ellas. Experimentar para probar nuevas ideas se vuelve necesario. Esto, en el momento actual puede hacerse con las nuevas tecnologías en ambientes virtuales. La experimentación puede llevar a fracasos, a los que no hay que temer, sino verlos como oportunidades de aprendizaje. Se hace preciso actuar más allá de los límites de la propia organización y ahora los expertos aconsejan trabajar más cercanamente con los clientes y con los proveedores. Las compañías que buscan adaptación estimulan la interacción frecuente entre sus miembros y partes interesadas, haciéndolo en un ambiente de confianza.

Se necesita crear ambientes que propicien el flujo de conocimientos, la diversidad, la autonomía, la toma de riesgos, el compartir y la flexibilidad, todos elementos necesarios para lograr la adaptabilidad. Igualmente aconsejan el examen de múltiples alternativas y aumentar la velocidad del ciclo de toma de decisiones. (Reeves, D., Daimler, M., 2011)

8. OBTENGA MÚLTIPLES PERSPECTIVAS Y ATIENDA A LAS MÚLTIPLES DIMENSIONES

Múltiples perspectivas generadas a través de comunicación y diálogo amplios fortalecerán la respuesta al problema.

Una de las características de los Sistemas Complejos es la gran cantidad de agentes independientes e interdependientes de que están constituidos. De la interacción de esos agentes emergen resultados que no pueden predecirse. Cada agente posee peculiaridades propias, experiencias y motivaciones diferentes que sin duda influyen en esa interacción. Es entonces lógico que la valoración de las situaciones que ocurren en estos sistemas sea vista desde diferentes perspectivas. Para la gestión adecuada de estos sistemas se hace necesario, pues, la identificación de estas múltiples perspectivas a través de la comunicación frecuente y el diálogo sincero entre todos los participantes.

De manera similar, es de suma importancia recordar que los fenómenos humanos poseen múltiples dimensiones y cada una de ellas interacciona y retroacciona con las demás. Son fenómenos complejos. Esa es una de sus características principales. Consideración debe darse a las dimensiones físicas, biológicas, culturales, psicológicas, espirituales, sociales, económicas, históricas y políticas. En determinadas circunstancias algunas son más visibles que las demás, pero todas en mayor o menor grado están influenciando la realidad.

9. UTILICE AMBOS ENFOQUES

Utilice **ambos enfoques, el enfoque racional, que es mecanicista y lógico y el enfoque de Complejidad, que es creativo y de enjambre,** según sea la tarea.

En las organizaciones existen áreas donde las acciones a tomar son planificadas, claramente razonables, repetibles, exactas y medibles. Algunos autores asemejan a estas acciones con los mecanismos de un reloj. Pero también hay otro tipo de situaciones, en las que predomina la intuición, y que precisan de la experimentación, las pruebas, la autonomía, la libertad y la capacidad de trabajar en "el Borde del Caos". Esas son acciones creativas y de complejidad. Ambos tipos deben conocerse y practicarse en las situaciones apropiadas.

10. PLANIFICAR EN FORMA ADAPTATIVA

En los Sistemas Complejos Adaptativos, la interacción entre los agentes es la generadora del comportamiento del sistema y este comportamiento es básicamente impredecible. Los agentes accionan, reciben retroalimentación de otros agentes, vuelven a accionar y el proceso de gran dinamismo continúa, y siendo además sistemas abiertos influencian y son influenciados por el ambiente que les rodea. Esta situación de cambios constantes hace muy difícil llevar a cabo los procesos de planificación tradicional. Los autores reconocidos en este campo, recomiendan un sistema de planificación mucho más flexible. Establecer especificaciones mínimas y un sentido general de dirección y dar autonomía a los agentes para que se auto-organicen y se adapten a las cambiantes condiciones será lo más aconsejable. (Zimmerman, B., Lindberg, C., Plsek, P., 2001)

El establecimiento de la Visión de una organización (Sistema Complejo Adaptativo) deberá ser flexible, una visión "suficientemente buena" bastará. Es una visión que no tiene gran claridad ni detalles, pero que sin embargo ofrece el medio para que los equipos de la organización actúen y dejen que emerjan patrones de comportamiento y dirección más específicos. (Olson, E. E., Eoyang, G. H., 2001)

En los Sistemas Complejos Adaptativos la planificación estratégica se reemplaza por un nuevo paradigma: la planificación de acciones adaptativas. En ésta, reconociendo lo impredecible que es el futuro se trabaja con las circunstancias que la realidad presenta. Existen diferencias significativas entre la Planificación Estratégica (PE) y la Planificación Adaptativa (PA).

Mientras que en la PE se asume que se puede conocer el futuro, en la PA se dice que éste no puede predecirse.

En la PE se enfoca en establecer metas; en la PA en definir acciones.

La PE divide metas, objetivos, roles y responsabilidades en áreas organizacionales; la PA se enfoca en acciones individuales o globales orientadas a metas comunes.

La PE trabaja con ciclos trimestrales o anuales; la PA con ciclos múltiples tan frecuentes como sea posible para responder al ambiente cambiante.

La PE se enfoca en amenazas, cambios o transformaciones mayores en toda la organización como un todo; la PA lo hace en acciones individuales o de grupos pequeños en el aquí y ahora.

La PE produce listas de metas y objetivos orientados hacia un objetivo común; la PA produce plan de acción enfocado en un aspecto del sistema cada vez, que desencadena un proceso que luego atraviesa toda la organización.

La PE está impulsada por ideas y necesidades de los líderes que piensan que ven el futuro deseado para la organización; la PA refleja ideas y conocimiento de profesionales y prestadores del servicio diario en la organización.

La PE selecciona un conjunto único de medidas para el éxito de toda la organización; la PA ayuda a individuos y grupos a dar seguimiento a medidas que tengan significado para su propio trabajo. La PE establece descripciones únicas del estado actual, estado deseado, brechas y estrategias para solventar las brechas; la PA reúne perspectivas y estrategias diversas que estimulan el aprendizaje y mejoramiento continuo en todas las partes de la organización.

La PE asume que las fuerzas e influencias en la organización permanecen estables; la PA asume que los ambientes interno y externo evolucionarán de forma continua. (Holladay, R., 2010)

11. RECUERDE QUE A MENUDO LOS RESULTADOS NO SON PROPORCIONALES A LOS INSUMOS

No hay proporción entre insumos y resultados. Esa es la no linealidad.

Ponga atención tanto a lo grande y evidente como a las pequeñas cosas.

El aleteo de la mariposa puede ser más tarde la causa del huracán.

En los Sistemas Complejos son notables la interconexión e interdependencia entre todos los elementos o agentes que los constituyen. No hay agentes carentes de importancia. Las Ciencias de la Complejidad nos recuerdan la necesaria visión global con que deben abordarse los sistemas, pero también muestran el notable impacto que un elemento de apariencia menor puede tener en el funcionamiento global. En una organización hechos a los que generalmente no se presta una mayor atención pueden ser los iniciadores de una avalancha de impresiones positivas o negativas que prevalecen en la apreciación global que sobre esa organización se tenga, con la consecuente influencia en la obtención o no de los resultados buscados. El saludo y la cortesía que muestre el primer empleado de la organización con quien uno se encuentra, puede ser el portero o la recepcionista, la forma y contenidos de una carta de bienvenida, la higiene y limpieza en los servicios higiénicos, cosas de ese tipo pueden, en forma acumulada, desencadenar la opinión general que sobre la organización tenga más tarde un cliente posible o real de la organización en cuestión. El conocimiento que cada agente del sistema tenga sobre los resultados o metas que el sistema como un todo persigue, y su adherencia a los mismos a través de su participación personal serán los motores que logren el logro de los mismos.

En esta propiedad de no linealidad que presentan los Sistemas Complejos Adaptativos existe igualmente lo que técnicamente se conoce como "sensibilidad y dependencia a las condiciones iniciales". Dos sistemas pueden iniciarse "casi" en las mismas condiciones, pero este "casi", es decir una pequeña variación en el inicio, dan lugar más tarde, por efecto de las iteraciones, a resultados totalmente distintos.

12. SUS ACCIONES TIENEN A LARGO PLAZO RESULTADOS IMPREDECIBLES

Sea muy consciente de que no puede predecir a largo plazo los resultados de las acciones que en este momento toma. Esos resultados no dependen solamente de sus intenciones, sino de las condiciones del medio en que las acciones tienen lugar. Interacciones y retro-acciones son reales y de mucha importancia. Quizá puede suponer los efectos a corto plazo, pero lo que sucederá a largo plazo es impredecible. La acción puede fracasar o generar resultados totalmente contrarios a lo que usted intentaba lograr. Así lo ha resumido el filósofo francés Edgar Morin, con su concepto de Ecología de la Acción. (Morin, E., 2006) Aceptando entonces la impredecibilidad de los resultados de sus acciones, es casi obligatorio mantener una reevaluación frecuente de los mismos. Solamente así, como timonel diestro, usted podrá mantener el rumbo de su nave hacia el puerto deseado.

Capítulo 7. ¿EN QUÉ CAMPOS SE ESTÁ APLICANDO EL ENFOQUE DE COMPLEJIDAD?

"Nuestro mundo es un gran sistema integrado de sistemas. Estos sistemas, sean ecológicos, sociales o financieros son complejos y se adaptan constantemente a su entorno. Muchos de ellos son esenciales para nuestra propia existencia. Debido a las intensas interacciones entre los componentes del sistema y porque son tan complejos, no pueden comprenderse por completo mediante el aislamiento de sus componentes o la aplicación de un razonamiento simple de causa y efecto. Estos sistemas, sin embargo, pueden ser examinados mediante la búsqueda de patrones dentro de su comportamiento. La investigación de sistemas inteligentes complejos adaptativos (ICAS) utiliza la investigación sistémica para construir representaciones multidisciplinares de la realidad para estudiar estos sistemas complejos." **Shan, Y., Ang, S.**

La importancia que el enfoque de Complejidad tiene en diferentes campos es indiscutible. Es una visión más cercana a la realidad y como tal sus aplicaciones son cada día más numerosas.

Sin pretender de ninguna manera agotar el tema, presento el siguiente listado de las áreas donde ya existen algunas aplicaciones conocidas:

- Actuariado
- Administración,
- Análisis de riesgos
    Antropología
    Arquitectura
- Biología
- Biotecnología
- Campo Militar
- Computación
- Comunicación

- Cooperación
- Cooperación Internacional
- Cultura
- Deportes
- Desarrollo Internacional
- Ecología
- Economía
- Educación
- Estrategia
- Evaluación
- Filosofía
- Finanzas
- Física
- Gestión de organizaciones del Sector público
- Gestión de servicios de agua
- Industria
- Innovaciones

- Inteligencia Artificial
- Jurisprudencia
- Lenguaje
- Liderazgo
- Manejo de conflictos
- Manejo de crisis
- Manejo de desastres
- Manejo de problemas
- Manejo de proyectos
- Manejo de turismo
- Medio ambiente
- Mejoramiento del planeta
- Meteorología
- Negocios
- Neurociencia
- Organizaciones
- Planificación
- Política

- Política mundial
- Psicología
- Química
- Salud (Sistemas de atención de salud, Enfermería, Atención del VIH, Fisiología, Medicina, Epidemiología)
- Sociología
- Seguridad Alimentaria y Nutricional
- Urbanismo

EPÍLOGO

Hemos llegado al final de este breve viaje por el mundo de las Ciencias de la Complejidad y del Pensamiento Complejo. Un viaje que espero haya despertado en usted nuevas preguntas y ansias por conocer más la geografía de la complejidad.

La realidad, tal como lo dicen los estudiosos de estas nuevas ciencias, es diversa, dinámica y llena de interacciones. Los lazos entre los individuos, los subsistemas y los sistemas son muchísimos y de diferente naturaleza. De sus acciones y retroacciones emergen nuevas situaciones quizás insospechadas e imprevisibles. Pero son estas mismas condiciones de incertidumbre y sorpresas las que si son comprendidas y aprovechadas, generan las innovaciones, el progreso y los cambios que pueden hacer de nuestro mundo un mundo mejor.

Los desafíos planetarios que pueden hacerse visibles al estudiar el pensamiento complejo, son suyos, son míos y está en nuestra voluntad el poder de enfrentarlos, accionar sobre ellos y en forma mancomunada y solidaria encontrarles las respuestas deseadas.

Le invito a continuar profundizando en estas nuevas avenidas del pensamiento humano y le deseo, para bien suyo y mío, el mejor de los éxitos.

Apéndice A. GLOSARIO DE TÉRMINOS USADOS EN CIENCIAS DE LA COMPLEJIDAD

"Hoy vivimos en un mundo caracterizado por sus interconexiones a nivel global en el que los fenómenos biológicos, psicológicos, sociales y ambientales, son todos recíprocamente interdependientes."

Fritjof Capra

Este Glosario incluye términos extraídos del Glosario de Términos No lineales y de Sistemas Complejos (Resource Guide and Glossary for Nonlinear/Complex Systems Terms) escrito por el Profesor Jeffrey Goldstein de la Adelphi University y del Glosario del Complexity Explorer del Santa Fe Institute, así como conceptos con fuentes de otros autores. Los términos provenientes del de Goldstein están marcados con (G), los de Complexity Explorer con (CE) y los demás tienen su referencia específica.

ADAPTACIÓN:

Procesos mediante los cuales un organismo se modifica a sí mismo y se ajusta a nuevas circunstancias o a su ambiente. En la teoría de la evolución esto se lleva a cabo mediante mutaciones y recombinaciones del material genético. (G)

ALGORITMO GENÉTICO:

Programa de computación, inicialmente desarrollado por John Holland, que llega a soluciones de problemas, mediante estrategia basada en los principios de la genética (reproducción sexual, mutaciones al azar, y selección natural). (G)

AMBIGÜEDAD

Es aquello que tiene varias interpretaciones. Puede ser algo frecuente en los sistemas complejos. Sus fuentes son la gran cantidad y diversidad de elementos en un sistema, cada uno con percepciones, información, experiencias, creencias y supuestos diferentes.
(Murray, T., Ross, S., Inglis, J., 2008)

ATRACTOR

Es un valor o conjunto de valores de las variables de un sistema hacia el cual el sistema tiende a asentarse. (CE))

ATRACTOR DE PUNTO FIJO

Es un punto particular en el espacio fase, por tanto es un rango limitado de conductas posibles de un sistema a las que el sistema es atraído. (G)

ATRACTOR EXTRAÑO

Es un atractor en un sistema caótico, está limitado a una región específica del espacio fase, no es periódico, su conducta nunca se repite exactamente y su estructura es fractal. En este tipo de atractor se puede observar la dependencia sensible a las condiciones iniciales (el efecto mariposa) que se encuentra en el caos. (G)

ATRACTOR PERIÓDICO (DE CICLO LIMITADO)

Las posibilidades de este atractor son mayores que las del de punto fijo. Son movimientos periódicos entre dos o más valores. (G)

AUTÓMATA CELULAR

Sistema matemático o computacional compuesto de "células" arregladas en una cuadrícula. El valor de la célula (1 ó 0) en cada momento depende de los valores que tengan las células que le rodean. Se pueden observar patrones complejos que emergen de reglas muy simples que gobiernan a las conexiones de la célula y sus vecinos. Las primeras versiones nacieron del trabajo de John von Neumann y Enrico Bomberi. Se pueden modelar la fuerza, número y calidad de las conexiones. (G)

AUTO-ORGANIZACIÓN

Es un proceso que tiene lugar en un sistema complejo y mediante el cual, sin ser impuestas desde el exterior, se originan nuevas estructuras, patrones y propiedades. Esta propiedad ha sido estudiado en una diversidad de sistemas tales como: la economía, el cerebro y el sistema nervioso, el sistema inmunológico, los ecosistemas y las organizaciones. (G)

AUTOPOIESIS

Teoría desarrollada por los científicos chilenos Humberto Maturana y Francisco Varela. Los seres vivos tienen la propiedad de producirse a sí mismos. Según Maturana (Transformación en la convivencia) "los seres vivos son redes de producciones moleculares en las que las moléculas producidas generan con sus interacciones la misma red que las produce". (G) (Aguado, J. M., (s.f.)

BIFURCACIÓN

Cambio o ramificación en las propiedades cualitativas de un sistema dinámico. (CE)

CAMBIO

Característica central de los sistemas complejos adaptativos, que son sistemas abiertos en constante intercambio de información, materia y energía con el ambiente que les rodea.

CAOS

Es un tipo de conducta que ocurre en un sistema y en el que se muestra sensibilidad a las condiciones iniciales del sistema. La dinámica aparentemente al azar que muestra es en realidad determinística, hay un orden o patrón oculto. El sistema consiste de relaciones no lineales, interactivas y con retroalimentación entre las variables, componentes o procesos del sistema. (G)

CEREBRO GLOBAL

Red de personas, computadoras, bases de conocimiento y enlaces que constituyen el Internet. (Heylighen, F., s.f.)

La Internet se ha constituido como la gran memoria del Cerebro Global. Internet Live Stats mostraba que el número de URLs en línea el día 1 de junio de 2016, era de 1,034,645,500. (Internet Live Stats, 2016)

Según el WORLDWIDEWEBSIZE.COM, el número de páginas web al 1 de junio de 2016, era de 4,570 millones de páginas. (WorldWideWebSize, 2016)

CIBERNÉTICA

La ciencia que estudia el control y los mecanismos de regulación en sistemas naturales y artificiales. Este término fue acuñado por Norbert Wiener en los 1940s. Es una de las raíces de las ciencias de la complejidad. (CE)

CIENCIAS COGNITIVAS

Se definen como Ciencias Cognitivas las que tienen como objeto el estudio interdisciplinar de la mente y de la inteligencia, abarcando la filosofía, la psicología, la inteligencia artificial, la neurociencia, la lingüística y la antropología. Estudian cómo la información es representada y transformada en la mente/cerebro.

(Wikipedia. Ciencia Cognitiva, 2016)

COEVOLUCIÓN

Es la evolución coordinada e interdependiente de dos o más sistemas. (G)

COHERENCIA

Es la cohesividad, coordinación y correlación en las estructuras que emergen en un sistema auto-organizado.

COMPLEJIDAD

No hay todavía una definición aceptada por todos. Los sistemas complejos poseen componentes no lineales, interactivos, presentan fenómenos de emergencia, cambios continuos y discontinuos y resultados no predecibles. Los sistemas complejos son lo opuesto a los simples, lineales y equilibrados. (G)

CONDICIONES INICIALES

Se refiere al estado del sistema al inicio de un período de observación o medición. Estas condiciones se pueden valorar y luego comparar más tarde con otra observación o medida del sistema. Los sistemas caóticos muestran una dependencia sensible a las condiciones iniciales. La no linealidad amplifica fuertemente pequeñas diferencias en las condiciones iniciales, lo que hace imposible predecir cómo serán los estados futuros del sistema. (G)

COOPETENCIA

La utilización simultánea de las estrategias de cooperación y competencia. Este tipo de acciones simultáneas son visibles en diferentes sistemas complejos adaptativos. (Persson, M., Wennberg, A., 2011)

CORTAR EN PEDAZOS

Este término fue acuñado por Kevin Kelly para significar la manera como se crean los sistemas complejos en la naturaleza, mediante bloques de construcción (sistemas) que ya han mostrado que funcionan solos. (G)

CRITICALIDAD AUTO-ORGANIZADA

Es un fenómeno de cambio súbito en un sistema que llega a un punto crítico en el que pueden ocurrir cambios abruptos. Los sistemas llegan por sí mismos a ese estado y éste actúa como un amplificador no lineal. Eso puede verse en avalanchas, placas tectónicas que dan origen a terremotos, o mercado de valores que llegan a crisis económicas. El término fue acuñado por Per Bak, Chang Tao y Kurt Wiesenfield en 1987. (G), (CE)

CUENCAS DE ATRACCIÓN

Una cuenca de atracción describe todos los valores posibles en un estado fase para las variables de un sistema que causarán que el sistema se dirija hacia un atractor dado. (G)

CUESTIONAMIENTO DE LAS DIFERENCIAS

Es una técnica de procesos grupales desarrollada por Jeffrey Goldstein para facilitar la auto-organización mediante la generación de condiciones lejos del equilibrio en un grupo de trabajo. Se subrayan las diferencias en la percepción, ideas, opiniones, y actitudes en los miembros del grupo, no para generar conflicto sino para descubrir los puntos de vista diferentes que ya existen. Esto se hace en forma constructiva y permite generar un mayor flujo de información entre los miembros del grupo, y facilitar la emergencia de un nuevo orden. (G)

DESVIACIÓN POSITIVA

Son desviaciones de la norma existente en un sistema social que conducen a un cambio positivo. Las innovaciones y transformaciones importantes en un sistema social han surgido como desviaciones de la norma existente. (G)

DINÁMICA DE SISTEMAS

"La dinámica de sistemas es un enfoque asistido por computadora para el análisis y diseño de políticas. Se aplica a los problemas dinámicos que surgen en los sistemas sociales, administrativos, económicos o ecológicos complejos - literalmente cualquier sistema dinámico que se caracteriza por la interdependencia, la interacción mutua, la retroalimentación de la información y la causalidad circular." Este campo se ha desarrollado de los trabajos iniciales de Jay W. Forrester. (Richardson, G. P., 2016)

DIVERSIDAD

Diferencia, distinción, desemejanza, disparidad entre personas, animales o cosas. La diversidad juega un importante papel en los Sistemas Complejos Adaptativos.

EFECTO MARIPOSA

Así se describe la sensibilidad a las condiciones iniciales que está presente en los sistemas caóticos. Es una metáfora de una mariposa que bate sus alas en algún lugar del mundo y mucho más tarde se desarrolla un huracán en otro sitio muy distante, pero que ocurre como resultado de aquello. (CE)

EMERGENCIA

Se da este nombre al surgimiento de estructuras, patrones o procesos nuevos y no esperados, causado por las interacciones de los componentes en un sistema que se auto-organiza. Los comportamientos emergentes no pueden explicarse por solo conocer en forma aislada el comportamiento de los elementos que les dieron origen, ni tampoco por la suma de esos componentes. Estos emergentes pasan a un nivel más alto que el de los componentes de nivel más bajo del cual surgieron. Las entidades emergentes poseen sus propias reglas, leyes y posibilidades diferentes a las de los componentes del nivel inferior. En una organización una clave para los líderes es facilitar la emergencia de estas estructuras y aprovechar las que surgen espontáneamente. El término fue utilizado primeramente por el filósofo del siglo 19, G. H. Lewes. (G) (CE)

ENTRELAZAMIENTO CUÁNTICO

"Se refiere a una situación en la que un número de partículas podría entrelazarse de tal modo que lo que le ocurre a una de ellas afectaría al resto." (San Juan, M. A. F., 2009)

Este fenómeno visto en la física cuántica muestra como las medidas realizadas sobre un sistema parecen estar influyendo instantáneamente otros sistemas que están enlazados con él, y sugieren que alguna influencia se tendría que estar propagando instantáneamente entre los sistemas, a pesar de la separación entre ellos. (Wikipedia, Entrelazamiento cuántico, 2016)

EQUILIBRIO

Significa el balance entre todas las fuerzas o influencias en un sistema dado. En los sistemas dinámicos se dice que están en equilibrio cuando no cambian en el tiempo, estando en un punto o estado fijo. Este concepto se originó desde los tiempos de Arquímedes en la antigua Grecia. Tiene un significado similar al de estabilidad. La homeostasis fisiológica es un tipo de equilibrio. (CE)(G)

ESCALA

Es el nivel en el que se observa un sistema. En un sistema geográfico las escalas son diferentes según la altura que tiene quien observa el sistema (nivel del suelo, arriba de un árbol, en la cima de un edificio, o desde un avión). Según la escala los detalles observados son diferentes. (G)

ESPACIO O ESTADO FASE

Es una región metafórica donde se representan todos los estados posibles para un sistema. (CE)

ESPECIFICACIONES MÍNIMAS

Según Gareth Morgan, el teórico de la administración, esto se refiere a los procesos que estimulan la auto-organización, evitando así un diseño impuesto de arriba hacia abajo en una organización o grupo de trabajo. La clave es que el liderazgo provea de especificaciones mínimas de manera que un grupo de trabajo tenga un espacio creativo para cumplir su trabajo. Esto es similar a las reglas simples que gobiernan las interacciones celulares en los autómatas celulares. (G)

ESPIRITUALIDAD

En el enfoque de complejidad se considera a la realidad como algo dinámico, sujeto a cambio permanente y compuesto de multitud de elementos interconectados e interdependientes. Es un enfoque holístico, donde todo está interconectado con todo y nada parece estar aislado. De tal manera que en este abordaje no puede excluirse ningún componente de la persona humana. Desde este punto de vista, lo espiritual tampoco puede estar ignorado.

¿Qué es el Espíritu? Puede definirse como la energía vital creadora del universo y de todos los seres vivos.

En una visión sistémica de la vida se requiere una integración tanto de los aspectos biológicos como los cognitivos, es decir es necesario tomar en cuenta cuerpo, espíritu, mente y conciencia. La dimensión espiritual es un aspecto esencial. Debemos recordar, afirma Fritjof Capra, que la palabra espíritu, en sus orígenes se deriva del latín "*spiritus*" que significa aliento. Tanto en el Occidente como en el Oriente, respirar, se refiere entonces al aliento de la vida, y es eso lo que tenemos en común con todos los seres vivos. Es lo que nos nutre y nos mantiene vivos. (Capra, F., s.f.)

"Lo que ves es lo que tienes" es una frase popular que, según el físico y autor Dr. Fred Wolf, puede aplicarse al mundo que vemos allí afuera. Pero, otra frase "Lo que ves es lo que esperas" es también una frase adecuada, que se aplica a la observación del alma. Ambas frases son complementarias, dos maneras de observar la realidad, espiritual y materialmente. (*Y hay una tercera, me ha dicho mi hermano Sergio: "lo que no ves es lo que te inspira"*).

El mundo exterior, según la física cuántica, depende de nuestras elecciones, o partícula u onda. Nuestros procesos de pensamiento influencian la realidad. La simple observación altera lo que vemos. Este principio de complementariedad existe tanto en los objetos del exterior como en nuestros pensamientos interiores. (Wolf, F. A., s.f.)

ESTABILIDAD

Es lo opuesto a inestabilidad. Es la propiedad que hace que un sistema permanezca sin alteraciones después de ser perturbado por fuerzas o eventos internos o externos. Algunas veces este término se usa como sinónimo de equilibrio. (G)

ESTIGMERGIA

En el año 1959, el entomólogo francés Pierre-Paul Grassé, acuñó la palabra Estigmergia para designar con ella al proceso o mecanismo por medio del cual insectos sociales como las hormigas o las termitas se comunican y coordinan en forma indirecta, utilizando el medio ambiente.

Es un mecanismo de coordinación indirecta y espontánea entre agentes y acciones. El término se deriva de las palabras griegas *Stigma* "señal" y *Ergon* "acción", significando que las señales que un agente deja en el ambiente son percibidas por otros agentes y determinan las acciones posteriores de éstos.
(Parunak, H. Van Dyke, s.f.)

ESTRUCTURA DISIPATIVA

El término ha sido utilizado por Ilya Prigogine para designar a las estructuras que surgen de sistemas auto-organizados. Son disipativas porque sirven para disipar la energía en el sistema. Ocurren en el umbral crítico de condiciones lejos del equilibrio. La transferencia de energía no disuelve el orden sino que es la fuente de un nuevo orden.
Herman Haken, fundador de la Escuela de Sinergética utiliza el término de "parcialmente ordenadas" para el mismo tipo de estructuras. (G)

FRACTAL

Es un objeto, patrón o forma geométrica que muestra auto-similitud en todas las escalas. Benoit Mandelbrot, el descubridor de la geometría fractal ha descrito la costa de Inglaterra como algo fractal, pues al observarla desde diferentes escalas siempre presenta el mismo tipo de irregularidades. Otros ejemplos de fractales son los árboles, los pulmones. Los atractores extraños en la teoría del caos tienen una estructura fractal. Las dimensiones de un fractal no son un número entero sino fracciones de números enteros. Muchas medidas de una complejidad fisiológica sana tienen patrones fractales. (G)

INCERTIDUMBRE

Inciertas son las cosas que no se conocen o se conocen solo de forma imprecisa. Lo incierto puede ser una característica del universo o característico de un proceso en particular. Muchas incertidumbres son medibles, otras no lo son (ej. Eventos futuros). Su valor es neutro; no necesariamente son algo negativo.

Pueden crear riesgos (algo negativo), pero también pueden ser el origen de oportunidades.

Existen tres tipos principales: 1) fenómenos o variables estadísticamente aleatorios (ej. Variable del clima). 2) desconocidos conocidos (lo que se sabe que no se conoce. Ej. Futuros presupuestos, futuros adversarios, el funcionamiento de nuevas tecnología). 3) desconocidos desconocidos (lo que no se sabe que se desconoce). (Hastings, D., 2004)

INESTABILIDAD

Cuando un sistema se perturba con facilidad por fuerzas o eventos internos o externos y no regresa a su condición previa. Se diferencia así de un sistema estable que regresará a su condición previa después de ser perturbado. (G)

INFORMACIÓN

Significa los bits de datos que son los elementos procesados por la computadora. Información es en los sistemas sociales lo mismo que la energía es en los sistemas físicos. Según Gregory Bateson información "es una diferencia que hace la diferencia". En una organización no es simplemente datos sino datos que tienen significado para los miembros de la organización. Cada vez se ve a la información como un constituyente básico del mundo que nos rodea. (G)

INTELIGENCIA ARTIFICIAL

"Es la ciencia e ingeniería para fabricar máquinas inteligentes, especialmente programas inteligentes de computación. Está relacionada con la tarea similar de utilizar computadoras para comprender la inteligencia humana, pero la Inteligencia Artificial no tiene que reducirse a métodos que son observables biológicamente." (McCarthy, J., 2007)

El término fue acuñado por John McCarthy en 1956, en la conferencia de Darmouth. McCarthy es considerado uno de los pioneros de este campo.

En 1987 Martin Fischles y Oscar Firschein describieron los atributos de un agente inteligente. Dichos atributos del agente inteligente son: Tiene actitudes mentales tales como creencias e intenciones. Tiene la capacidad de obtener conocimiento, es decir, aprender. Puede resolver problemas, incluso dividiendo problemas complejos en otros más simples. Entiende. Posee la capacidad de crearle sentido, si es posible, a ideas ambiguas o contradictorias. Planifica, predice consecuencias, evalúa alternativas (como en los juegos de ajedrez). Conoce los límites de sus propias habilidades y conocimientos. Puede distinguir a pesar de la similitud de las situaciones. Puede ser original, creando incluso nuevos conceptos o ideas, y hasta utilizando analogías. Puede generalizar. Puede percibir y modelar el mundo exterior. Puede entender y utilizar el lenguaje y sus símbolos. (Wikipedia, Historia de la inteligencia artificial, 2016)

INTELIGENCIA DE ENJAMBRE

De acuerdo a los Dres. Marco Dorigo y Mauro Birattari, de la Université Libre de Bruxelles, Bélgica, se llama así a "la disciplina que trata con sistemas naturales y artificiales compuestos de muchos individuos que se coordinan utilizando control descentralizado y autoorganización."

Se trata de las conductas colectivas resultantes de las interacciones de individuos entre sí y con el ambiente.

Se citan como ejemplos las colonias de hormigas y termitas, bancos de peces, bandadas de pájaros, manadas de animales terrestres. Igualmente, sistemas multi-robot y algunos programas de computadoras. (Dorigo, M., Birattari, M., 2007)

INTERACCIÓN

Significa el efecto mutuo de los componentes o subsistemas o sistemas entre sí. Es resultante de la retroalimentación o feed-back, o influencia recíproca entre los componentes. Los sistemas complejos son sistemas no lineales interactivos. (G)

LEJOS DEL EQUILIBRIO

Se llama así a las condiciones que conducen a la auto-organización y a la emergencia de estructuras disipativas. Estas condiciones alejan al sistema de su estado de equilibrio y activan su propia no linealidad. Es otra manera de llamar a la criticalizacion en los valores de los parámetros que llevan a la bifurcación y a la emergencia de un atractor nuevo en un sistema dinámico. (G)

LEYES DE POTENCIA

Es un patrón matemático en el que la frecuencia con que ocurre un evento de un tamaño determinado es inversamente proporcional a una potencia o exponente de su tamaño. Cuando se estudian avalanchas o terremotos, los de mayor tamaño son muy raros y los pequeños son mucho más frecuentes, existiendo una variedad de tamaños y frecuencias entre esos dos extremos. (G)

LÍMITES (CONTENEDORES O ÁMBITO)

Los procesos de auto-organización ocurren dentro de regiones limitadas. En un autómata celular el contenedor es la misma red electrónica. Estos límites o contenedores demarcan el sistema de su ambiente, manteniendo así la propia identidad del sistema cuando cambia. En los sistemas humanos, los límites pueden ser la planta física, las políticas organizacionales, las reglas de interacción, y cualquier otra cosa que sirva para distinguir a la organización de su ambiente. Los límites tienen ambas condiciones: son permeables para permitir el intercambio del sistema con su ambiente, y son impermeables en cuanto a que circunscriben la identidad del sistema. (G)

LÓGICA DIFUSA

La lógica difusa es una forma de lógica de muchos valores en la que los valores de verdad de las variables pueden ser cualquier número real entre 0 y 1, que se considera "difuso". Por el contrario, en la lógica de Boole, los valores de verdad de las variables sólo pueden ser valores 0 o 1, a menudo llamados "nítidos". La lógica difusa se ha empleado para manejar el concepto de verdad parcial, en el que el valor de verdad puede oscilar entre todo cierto y completamente falsa. Por otra parte, cuando se utilizan variables lingüísticas, estos grados pueden ser gestionados por (miembros) funciones específicas.

El término de lógica difusa fue introducido en 1965 por Lofti Zadeh con la propuesta de la teoría de conjuntos difusos. La lógica difusa sin embargo había sido estudiada desde los años 1920, como una lógica de valores infinitos, particularmente por Łukasiewicz y Tarski.

La lógica difusa se ha aplicado a muchos campos, desde la teoría de control a la inteligencia artificial. (Wikipedia, Fuzzy logic, 2016)

MINERÍA DE DATOS

Se llama así a la extracción de información predictiva oculta de grandes bases de datos. Es una poderosa tecnología que ayuda a las compañías a enfocarse en la información más importante almacenada en sus archivos de datos. Ayuda a predecir tendencias y comportamientos futuros. Es una herramienta que encuentra patrones ocultos en la información que ya se tiene y que podría ser pasada por alto por los expertos. Está apoyada por tres tecnologías que ya están suficientemente desarrolladas: Recolección masiva de datos; computadoras con multiprocesadores poderosos; y algoritmos de minería de datos. (Thearling, K., 2012)

MODELOS BASADOS EN AGENTES

Son simulaciones de computadora, que consisten de agentes semiautónomos, que representan los factores que son modelados. Las reglas bajo las cuales interaccionan se pueden cambiar para ver los resultados emergentes. No se espera que sean una representación exacta de la realidad, pero brindan ideas sobre cómo los cambios en las reglas influyen o afectan los resultados que se observan. (G)

NOVEDAD

Es lo novedoso o innovador de los patrones emergentes. Esta novedad no es esperada, ni predecible, ni deducible de los componentes de donde surge la emergencia. Procesos nuevos conducen a nuevas estructuras y nuevas prácticas. (G)

PAISAJE ADAPTATIVO

Es una función dimensional utilizada para visualizar la adaptación en un espacio de n dimensiones. La altura de la superficie en cada punto representa la magnitud de la adaptación o ajuste. Los picos son la máxima y los valles la mínima adaptación en el paisaje. Con esto se mide el valor de las diferentes configuraciones de un sistema. (CE)(G)

PARADOJAS

Paradoja, del latín "*paradoxus*" y éste del gr. "παράδοξος", según el Diccionario de la RAE, tiene las siguientes acepciones: Idea extraña u opuesta a la común opinión y al sentir de las personas; Aserción inverosímil o absurda, que se presenta con apariencia de verdadera; Figura de pensamiento que consiste en emplear expresiones o frases que envuelven contradicción. (Real Academia Española, 2010)

Las paradojas son útiles ya que nos fuerzan a examinar los fundamentos lógicos o científicos en que se basan o a reflexionar sobre nociones filosóficas esenciales.

En los Sistemas Complejos, dada sus particulares características, las paradojas existen, conviene develarlas ya que muchas veces representan, junto con la tensión que originan, el punto de partida para la innovación, la creatividad y el progreso en una organización. (Zimmerman, B., Lindberg, C., Plsek, P., 2001)

PARÁMETROS

Son las variables en las ecuaciones matemáticas utilizadas para modelar el comportamiento de un sistema. Los cambios en los valores de los parámetros pueden afectar el comportamiento del sistema. (G)

PARÁMETROS DE CONTROL

Estos modelan algún tipo de influencia externa sobre el sistema que facilite una bifurcación o cambio. (G)

PARÁMETROS DE ORDEN
Representan alguna característica emergente global de un sistema, lo cual es diferente a las variables de componentes de nivel inferior. (G)

PARÁMETRO LAMBDA
Es un parámetro utilizado por Chris Langton para llegar al rango donde la auto-organización en los autómatas celulares es más probable. (G)

PRINCIPIO DE PARETO
También conocido como la regla 80/20. Fue formulado por el economista, filósofo y sociólogo italiano Wilfredo Pareto en 1906. El observó que aproximadamente el 80% de la riqueza de Italia estaba en manos del 20% de la población. Este principio fue popularizado en E.U.A. por el Dr. Joseph Juran, mostrando que el 80% de los efectos son producidos por el 20% de las causas. Ejemplos donde es visible este principio: 20% de la población del mundo posee el 80% de la riqueza; 20% de la población posee el

80% de las tierras; 20% de tu tiempo produce el 80% de los resultados; 80% de los accidentes son causados por el 20% de los conductores; el 80% de las quejas en un negocio provienen del 20% de los clientes; 80% de sus ventas provienen del 20% de sus productos; 80% de sus ganancias provienen del 20% del tiempo que inviertes; 80% de los problemas se originan en el 20% de los proyectos; 80% del trabajo es completado por el 20% de los miembros del equipo; 80% de los problemas de un software es causado por el 20% de las fallas. (Trabajardesdecasasi, 2014) (Mar, A., 2013)

PROCESOS DE RESPUESTA COMPLEJA

Ralph Stacey ha definido estos procesos como aquellos que muestran que la identidad, comportamiento y actitudes de los individuos surgen de la interacción dinámica en los grupos. Esa interacción se basa en comunicaciones simbólicas que incluyen disposiciones corporales, comportamientos, emociones y la mente. Stacey sostiene que son patrones de interacciones los que se mantienen y cambian mediante estos procesos en las relaciones cotidianas de las personas. (G)

PSICOLOGÍA EVOLUTIVA

Es un enfoque basado en la biología para estudiar el comportamiento humano.

Para comprender el diseño de la mente humana la Psicología Evolutiva se basa en cinco principios básicos:

El cerebro es un sistema físico. Funciona como una computadora. Sus circuitos están diseñados para generar una conducta apropiada a sus circunstancias ambientales.

Nuestros circuitos neuronales fueron diseñados por la selección natural para solucionar problemas que nuestros ancestros enfrentaron durante la historia evolutiva de nuestra especie.

La conciencia es solo la punta del iceberg; la mayor parte de lo que sucede en su mente está oculto de usted. Como resultado, su experiencia consciente puede llevarlo en forma equivocada a pensar que nuestro circuito es más simple de lo que realmente es. La mayoría de los problemas que usted experimenta como fáciles de resolver son muy difíciles de resolver—ellos requieren unos circuitos neuronales muy complicados.

Diferentes circuitos neuronales están especializados para resolver diferentes problemas adaptativos.

Nuestros cráneos modernos albergan una mente de la edad de piedra.

Esto no significa que los circuitos no sean sofisticados, pero fueron diseñados para resolver los problemas que enfrentaban nuestros ancestros recolectores y cazadores.

En la Psicología Evolutiva no se afirma que los genes tengan un papel más importante que el ambiente en el desarrollo, o que los "factores innatos" sean superiores al "aprendizaje". El efecto que el ambiente tendrá en un organismo dependerá de las características de su arquitectura cognitiva. (Cosmides, L., Tooby, J., 1997)

RED

Es un conjunto de elementos llamados vértices o nodos conectados por enlaces o vínculos. (CE)

RED DE MUNDO PEQUEÑO

Es una red en que las conexiones entre los nodos forman rutas que conectan a un gran número de nodos. En este tipo de conexión se basa el fenómeno de Seis grados de separación, según el cual cada persona en la tierra está conectado con cualquier otra persona por no más de seis enlaces (de persona a persona). (G)

RED LIBRE DE ESCALA

Es una red que posee unos grados de distribución de leyes de potencia. La mayoría de los nodos tienen grado bajo de conectividad y solamente unos pocos tienen grados altos. Debido a esto son redes que son robustas ante la falla al azar de algunos nodos, pero muy vulnerables a ataques dirigidos a sus centros de operaciones (nodos con grados elevados). Se llaman "libres de escala" porque su estructura y su dinámica son independientes del número de nodos. (G)

REDES NEURONALES

Son modelos electrónicos simplificados de un cerebro, parecidos a los autómatas celulares. Son dispositivos de aprendizaje por máquina basados en teorías de la cognición humana. Pueden servir para reconocer patrones de voz, patrones visuales, control robótico, manipular símbolos, tomar decisiones. Usualmente tienen tres capas: neuronas de insumo, neuronas de producto y una capa intermedia donde se procesa la información de insumo a producto. El aprendizaje se realiza asignando "pesos" a las conectividades, comparando productos, en forma repetida. La red neural es capaz de descubrir sus propias reglas. Constituyen una herramienta para investigar auto-organización y emergencia. (G)

REDUNDANCIA

Se refiere a la repetición de patrones o estructuras en un sistema, lo que aumenta la estabilidad del sistema. En información es la repetición en patrones de mensajes en un canal de comunicación. (G)

RESILIENCIA

Es la capacidad que tiene un sistema de persistir y mantener sus funciones y propósito ante disturbios, estrés u otros cambios en su ambiente. (CE)

RETRATO FASE

Son los patrones geométricos que se ven en un estado fase conforme el sistema evoluciona. Pueden ser atractores de punto fijo, periódicos, y extraños. Pueden incluirse repelentes, que es lo opuesto a los atractores y otros patrones como sillas en los que hay atractores por un lado y repelentes por el otro, y separatrices o límites entre dos cuencas de atracción. (G)

RETROALIMENTACIÓN O FEED-BACK

Es el efecto recíproco de un sistema o subsistema sobre otro. Se llama feed-back negativo cuando cada subsistema amortigua el producto del otro. Feed-back positivo es cuando cada uno de los dos subsistemas amplifica los productos del otro. Esta idea de la retroalimentación o feed-back es la base de la dinámica de sistemas, fundada por Jay Forrester y popularizada por Peter Senge. (G)

ROBUSTEZ

Capacidad de un sistema de mantener su comportamiento, tendencia o características, independiente de las condiciones cambiantes de su ambiente. Esto requiere que el sistema posea componentes que operen a bajos niveles de optimización en algunas situaciones, de tal manera que puedan optimizarse en cualquier nivel en la mayoría de escenarios posibles. (CE)

SENSIBILIDAD A LAS CONDICIONES INICIALES

Esto refleja la influencia que la configuración inicial de un sistema tiene para determinar sus estados subsiguientes. Cuando la sensibilidad es alta, cambios mínimos en las condiciones iniciales pueden llevar a condiciones muy diferentes en el futuro. Esto es descrito popularmente como el efecto mariposa. El comportamiento de los sistemas caóticos no es predecible ya que la medición de las condiciones iniciales siempre tendrá alguna cantidad de error. (CE) (G)

SERIES DE TIEMPO

Es un conjunto de medidas de las variables de un sistema conforme evoluciona en el tiempo. (G)

SIMBIOGÉNESIS

Teoría sobre la emergencia de nuevas formas biológicas gracias a la cooperación o simbiosis de dos o más tipos distintos de organismos. Es una interpretación nueva de la evolución, que da importancia a las relaciones de cooperación en lugar del énfasis en la competencia entre depredador y presa. (G)

SINCRONICIDAD

Se llama Sincronicidad a la coincidencia en el tiempo de dos o más sucesos relacionados entre sí de una manera no causal, y cuyo contenido significativo sea igual o similar. Esto según Jung es diferente al término Sincronismo que significa únicamente la simultaneidad de dos sucesos.

El eminente psiquiatra e investigador Carl Jung describió este fenómeno a mediados del siglo pasado.

Se habla de sincronicidad cuando hay "simultaneidad de un estado psíquico con uno o varios sucesos externos cuyo sentido parece paralelo a la subjetividad psíquica o viceversa"

Este fenómeno puede clasificarse en tres tipos:

1. Coincidencia de un estado psíquico con un proceso objetivo correspondiente. Ocurren

simultáneamente, y ninguno de ellos es la causa del otro.

2. Coincidencia de un estado psíquico subjetivo con un fantasma (sueño o visión) que más tarde aparece como reflejo de un suceso sincronistico objetivo que ocurrió más o menos simultáneamente, aunque a distancia.

3. Lo mismo, salvo que el evento percibido tiene lugar en el futuro.

(Jung, C. G., 1988)

Fruto de sus discusiones con Albert Einstein y Wolfgang Pauli, físico y Premio Nobel, sobre el tema, Jung sostenía que existían paralelismos entre la sincronicidad y aspectos de la teoría de la relatividad y de la mecánica cuántica. Para Jung la vida no podía explicarse como una serie de eventos al azar, sino como una expresión de un orden profundo. La existencia de la sincronicidad servía para pasar de un pensamiento de consciencia egocéntrica hacia uno de mayor totalidad. (Wikipedia, Sincronicidad, 2016) (Wikipedia, Synchronicity, 2016)

SINCRONIZACIÓN

Eventos que ocurren en forma simultánea o en tiempos correlacionados (CE)

SINERGÉTICA

El término Sinergética viene del griego y significa "trabajando juntos". Se aplica a sistemas materiales o inmateriales compuestos de muchas partes individuales. Se centra en la emergencia auto-organizada de cualidades nuevas (estructuras, procesos o funciones) que aparecen en una escala mayor (temporal o espacial) a la de los componentes individuales (escala macroscópica). La Sinergética se puede presentar entre las partes de un sistema, entre varios sistemas o entre varias disciplinas científicas. (Haken, H., 2007)

Según la Prof. Helena Knyazeva, la Sinergética aborda el conocimiento y la explicación de estructuras complejas, principios de la autoorganización, generación del orden a partir del caos, evolución y coevolución. Es un campo de investigación interdisciplinario con aplicaciones para comprender al ser humano y el desarrollo de sistemas sociales.

La característica principal en esta disciplina es la auto-organización. En un ejemplo sobre auto-organización en un sistema humano, la Profesora Knyazeva identifica la nueva estructura que se auto-organiza que es generada y mantenida por los elementos del sistema y sus miembros están al mismo tiempo subordinados a ella. A eso se le llama en Sinergética el "principio esclavizante". La Sinergética, continúa diciendo Knyazeva revela similitudes esenciales entre los sistemas animados e inanimados. (Knyazeva, H., 2003)

SISTEMA

Se conoce como sistema al conjunto de partes o elementos interrelacionados entre sí para lograr un objetivo común.

En los sistemas hay Entradas (datos, energía, materia), Procesos, Salidas (información, energía o materia).

Ambiente: es lo que rodea al sistema y que en sistemas abiertos interacciona con el mismo.

Los sistemas pueden ser físicos o concretos (un automóvil, una computadora, un ser humano) o abstractos o conceptual (un software).

Un sistema se diferencia del ambiente que le rodea mediante sus límites o fronteras. Cuando hay intercambio de energía, información o materia a través de esa frontera, el sistema se considera Abierto, y es Cerrado cuando ese intercambio no es posible. (Diccionario de Informática y Tecnología, 2016)

SISTEMA COMPLEJO ADAPTATIVO

Conjunto inestable de elementos y relaciones que tiene la capacidad de auto-organizarse y adaptarse al ambiente que les rodea. (De Toni, A. F., Comello, L., 2010)

SISTEMA DE BENARD

Es un sistema físico simple. Un líquido en un contenedor se calienta en su base, y luego se ve la emergencia de células de convección de forma hexagonal. A esas células Prigogine les ha llamado estructuras disipativas ya que mantienen su estructura mientras disipan la energía en el sistema, y desde éste al ambiente. La dirección de la rotación de las células de convección es el resultado de la amplificación de corrientes aleatorias en el líquido. (G)

SISTEMA DETERMINÍSTICO

Un sistema en el que sus estados posteriores son determinados por los estados anteriores. (G)

SISTEMA DINÁMICO

Es un sistema complejo e interactivo que evoluciona a través de múltiples modos de comportamiento. Las entidades no se conciben en forma estática, sino como unos sistemas dinámicos de procesos cambiantes y evolutivos, siguiendo ciertas reglas y mostrando un aumento de complejidad. Esta evolución muestra transformaciones de comportamiento conforme emergen nuevos atractores. Los cambios en la organización y comportamiento del sistema se llaman bifurcaciones.

Los sistemas dinámicos son determinísticos, pero pueden ser influenciados por eventos al azar. Varios sistemas fisiológicos pueden considerarse como sistemas dinámicos, por ejemplo el corazón. (G)

SISTEMA NO LINEAL (NO LINEALIDAD)

Es un sistema donde pequeños cambios pueden dar resultado a grandes efectos, y grandes cambios a pequeños efectos. No hay proporcionalidad entre cambios (insumos) y efectos. El Efecto Mariposa ilustra esa no linealidad. Los componentes de estos sistemas son interactivos, interdependientes y muestran efectos de feed-back. Se ven ejemplos en la fisiología humana, en los sistemas sociales. Los valores de sus variables pueden representarse con un patrón curvo en plano de coordinación, es un patrón que no es lineal. (G)

SOCIOBIOLOGÍA

La Sociobiología ha sido definida como la rama del conocimiento científico que investiga las bases biológicas del comportamiento social de los animales, tales como la cooperación, la agresión, la territorialidad, los sistemas sociales y la elección de pareja.

"La Sociobiología intenta ampliar el concepto de selección natural a los sistemas sociales y a la conducta social de los animales, incluidos los seres humanos. Los sociobiólogos piensan que los patrones de conducta con los que se nace se modifican, e incluso, desparecen en el transcurso del proceso de selección natural."

Este término fue acuñado por Edward E. Wilson en su libro

Sociobiology: The New Síntesis, que se publicó en 1975. (Wikipedia, Sociobiología, 2016)

SORPRESA

"Se define como sorpresa al sentimiento que deriva de una situación o noticia que se presenta sin que se le espere.

Las sorpresas forman parte de las emociones elementales del ser humano y, según su naturaleza, podrían producir efectos de carácter positivo, negativo o neutral." (Definicionyque.es, 2014)

SWARMWARE Y CLOCKWARE

Estos términos en inglés fueron acuñados por Kevin Kelly, editor de Wired Magazine. "*Clockware*" se refiere a procesos racionales, estandarizados, controlados y medidos. "*Swarmware*" nombra a procesos que incluyen la experimentación, prueba y error, y toma de riesgos. Los primeros (*Clockware*) se ven en los sistemas lineales y los segundos (*Swarmware*) ocurren en sistemas complejos que están experimentando auto-organización resultante de la interacción entre sus componentes. (G)

TEORÍA DE GRAFOS (REDES SOCIALES)

Es la teoría matemática que estudia las propiedades de las redes o madejas de conexiones. Un grafo consiste de enlaces que conectan a los nodos. Ejemplos son el Internet, la economía, los paisajes genéticos. (G)

TEORÍA DE JUEGOS

John von Neumann y Oskar Morgenstern fueron quienes introdujeron la teoría de juegos en 1943, con *"Theory of Games and Economic Behavior"*.

La Teoría de Juegos estudia formalmente el conflicto y la cooperación. Sus conceptos se aplican donde las acciones de varios agentes son interdependientes. Estos agentes pueden ser individuos, grupos, organizaciones, o cualquier combinación de estos. Los conceptos de la teoría de juegos brindan un lenguaje para formular, estructurar, analizar y comprender escenarios estratégicos. (Turocy, T. L., von Stengel, B., 2001)

Las aplicaciones de esta teoría son numerosas. Se ha utilizado en Economía, Biología, Psicología, Filosofía,

Ciencias Políticas, Sociología, Investigación Operativa, Informática y en Estrategia Militar.

(Alexander, J. McKenzie, 2009)

TEORÍA DE LA INFORMACIÓN

La Información, la Energía y la Materia, han sido consideradas las tres categorías fundamentales de la Naturaleza. Según James G. Miller las células, órganos, organismos, grupos, corporaciones, naciones y organizaciones supranacionales, todos tienen en común que son entidades procesadoras de Materia, Energía e Información. (Maartens, W., 2007)

"La teoría de la información fue desarrollada por Claude E. Shannon para encontrar los límites fundamentales en la compresión y almacenamiento confiable y comunicación de datos. ... se ha ampliado para encontrar aplicaciones en muchas otras áreas, incluyendo inferencia estadística, procesamiento del lenguaje natural, criptografía, otras redes diferentes a las redes de comunicación –como en neurobiología, la evolución y función de códigos moleculares, selección de modelos en ecología, física térmica, computación cuántica, detección de plagiarismo y otras formas de análisis de datos." (Wikipedia, Information Theory, 2016)

Según el trabajo original de Shannon:

Un sistema de comunicación consiste de cinco partes esenciales:

1. Una Fuente de Información que produce un mensaje o secuencia de mensajes a ser comunicados a una terminal receptora.

2. Un Transmisor que opera sobre el mensaje de alguna manera para producir una señal adecuada para la transmisión a través del canal. El canal es meramente el medio utilizado para transmitir la señal del transmisor al receptor. Puede ser un par de alambres, un cable coaxial, una banda de frecuencia de radio, un haz de luz, etc.

3. El Receptor ordinariamente realiza la operación inversa de la hecha por el Transmisor, reconstruyendo el mensaje de la Señal.

4. El Destino es la persona (o cosa) para quien se propone el mensaje.

(Shannon, C. E. 1948)

Según publica Joseph Goguen de la Universidad de California en San Diego:

"Una adecuada teoría de la información tendría que tomar en cuenta el contexto social, incluyendo cómo se produce y utiliza la información, más que simplemente cómo es representada; esto es, necesitamos una teoría social de la información, no únicamente una teoría de representación. (Goguen, J., 1997)

TEORÍA DE LA PERCOLACIÓN

También se le ha llamado Geometría del Desorden o Geometría del Contagio.

La Teoría de la Percolación estudia los fenómenos que se presentan cuando una substancia quiere cruzar de un lado a otro de un espacio cubierto por otra substancia (como por ejemplo el movimiento de los electrones en algún material) e investiga en qué condiciones se puede dar y en cuales no la percolación (percolación significa infiltración).
(Galindo Soria, F., 1989)

La Teoría de la Percolación consiste en la búsqueda y el análisis de modelos matemáticos para explicar el comportamiento aleatorio de un fluido en un medio poroso. Fue introducida por Broadbent y Hammersley en 1957. La percolación es el modelo más sencillo para un número considerable de fenómenos físicos, en los cuales el desorden está presente. Por ejemplo, cómo se extiende el fuego en un bosque, el agua a través de una esponja (o del propio suelo), el desplazamiento de animales de un hábitat a otro, etc.   (Población Sáez, A. J., 2006)

TEORÍA DE LAS CATÁSTROFES

Es una teoría matemática formulada por el matemático francés René Thom. Una "catástrofe" es un cambio abrupto en una o más variables que ocurre durante la evolución de un sistema y que puede modelarse mediante ecuaciones estructurales y pliegues topológicos. Las catástrofes se gobiernan por parámetros de control cuyos cambios de valores conducen a transiciones suaves a valores bajos o a cambios repentinos hacia valores altos y críticos. (G)

TEORÍA GENERAL DE SISTEMAS

La Teoría General de Sistemas constituye una de las bases principales en las que se apoyan las Ciencias de la Complejidad.

Se conoce como Teoría General de Sistemas al "estudio interdisciplinario que trata de encontrar las propiedades comunes a entidades, los sistemas que se presentan en todos los niveles de la realidad, pero que son objetivo tradicionalmente de disciplinas académicas diferentes. Su puesta en marcha se atribuye al biólogo austriaco Ludwig von Bertalanffy, quien acuñó la denominación a mediados del siglo XX. (Wikipedia, Teoría de Sistemas, 2016)

En 1968, Bertalanffy describió la Teoría General de Sistemas como una ciencia de la totalidad, donde "el todo es más que la suma de sus partes". (Diccionario de Informática y Tecnología, 2016)

TERMODINÁMICA DE NO EQUILIBRIO

La termodinámica es la rama de la física que estudia las relaciones que existen entre el calor y demás formas de energía. Se analizan variables como la temperatura, la densidad, la presión, la masa, el volumen, y los efectos de sus cambios, en los sistemas y a nivel macroscópico. (Definición ABC, s.f.) Termodinámica de no equilibrio es la rama que estudia sistemas que no están en equilibrio termodinámico. Son sistemas que están cambiando y experimentan flujos de materia y/o energía desde o hacia otros sistemas. (Díaz Avalos, J., 2011)

TOPOLOGÍA

"La topología (*del griego τόπος, 'lugar', y λόγος, 'estudio'*) es la rama de las matemáticas dedicada al estudio de aquellas propiedades de los cuerpos geométricos que permanecen inalteradas por transformaciones continuas. La topología se interesa por conceptos como proximidad, número de agujeros, el tipo de consistencia (o textura) que presenta un objeto, comparar objetos y clasificar múltiples atributos donde destacan conectividad, compacidad, metricidad o metrizabilidad, entre otros.

En topología está permitido doblar, estirar, encoger, retorcer, etc., los objetos, pero siempre que se haga sin romper ni separar lo que estaba unido, ni pegar lo que estaba separado. Por ejemplo, un triángulo es topológicamente lo mismo que una circunferencia, ya que podemos transformar uno en otra de forma continua, sin romper ni pegar. Pero una circunferencia no es lo mismo que un segmento, ya que habría que partirla (o pegarla) por algún punto.

Esta es la razón de que se la llame la «geometría de la página de goma», porque es como si estuviéramos estudiando geometría sobre un papel de goma que pudiera contraerse, estirarse, etc.

El concepto fundamental de la topología es la "relación de proximidad", que puede parecer ambigua y subjetiva. (Wikipedia, Topología, 2016)

TRANSDISCIPLINARIEDAD

La transdisciplinariedad es el espacio intelectual, donde la naturaleza de los múltiples vínculos entre los problemas aislados puede ser explorada y descubierta.

En un enfoque transdisciplinario a un problema determinado, un equipo de expertos reflexionan juntos, como se supone que deben volver a dibujar una cuadrícula tradicional, que divide la cuestión en disciplinas.

En este ejercicio se tiene que considerar cada disciplina como relevante, pero ninguna de ellas como hegemónica. Tienen que volver a crear el objeto de estudio, considerándolo bajo muchos puntos de vista diferentes. Tienen que tratar de concentrarse principalmente en el tipo de conexiones que no se han considerado antes. Tienen que comunicarse. Tienen que cruzar la frontera arraigada de sus propias disciplinas mediante el intercambio de ideas y diferentes perspectivas. Tienen que encontrar nuevas metáforas para el intercambio y la comprensión. Tienen que aumentar su conocimiento mutuo sobre los problemas, multiplicando las formas en que se expresan las ideas. Tienen que llegar a una disposición auto-crítica, poniendo a debate sus muchos puntos de vista sobre el tema. (Thompson Klein, J., 2004)

VALORES

Llamamos valor a aquello que es importante en nuestras vidas. Según Shalom H. Schwartz, y de acuerdo a la teoría de los valores, estos tienen las siguientes características principales comunes a todos los valores: 1. Son creencias ligadas al afecto. Cuando se activan, se saturan de sentimientos. 2. Se refieren a metas deseables que motivan a la acción. 3. Trascienden acciones o situaciones específicas. 4. Sirven como estándares o criterios para evaluar o decidir. 5. Están ordenados en una importancia relativa que es diferente para cada persona. 6. La importancia relativa de valores múltiples guía la acción. (Schwartz, S. H., 2006)

VIDA ARTIFICIAL

Son patrones parecidos a la vida que emergen en autómatas celulares y en otros arreglos electrónicos relacionados. Estos patrones emergentes parecen orgánicos en la manera como ellos se mueven, crecen, cambian su forma, se reproducen, se agregan, y mueren. El pionero de la vida artificial ha sido Chris Langton, en el Instituto Santa Fe. Esto ha sido muy importante para la creación de modelos basados en agentes, utilizados para estudiar sistemas complejos como los ecosistemas, la economía, sociedades, culturas y el sistema inmunológico. (G)

VOLATILIDAD

Volátil, del latin *"volatilis"* significa "volar", es un adjetivo utilizado para describir algo que es inestable o modificable. (Whatis- Malcanek, T., 2008)

(G)= (Goldstein, J., 2012) (CE)= (Complexity Explorer, 2016)

APÉNDICE B: INSTITUCIONES DEDICADAS A LAS CIENCIAS DE LA COMPLEJIDAD

Los institutos y centros de investigación dedicados a las Ciencias de la Complejidad, esparcidos en el mundo, ya suman varias decenas y seguramente continuarán aumentando en los próximos años. Son más numerosos en Europa y en los Estados Unidos de América: pero también ya existen varios de ellos en América Latina. La siguiente es una lista de los principales organismos de este tipo a nivel mundial:

- ARC Centre for Complex Systems, Australia. http://www.accs.uq.edu.au/

- CASL Institute (Complex and Adaptive Systems Laboratory) at University College Dublin, Ireland. http://www.ucd.ie/casl/

- Cátedra para el Estudio de la Complejidad. La Habana, Cuba. http://www.congressesincuba.com/congresos-yeventos/complejidadhabana2012.html

- CEiBA Complex Systems Research Center, Bogotá, Colombia. https://sites.google.com/site/centroceiba/home/

- Center for Complex Networks and Systems Research at Indiana University .http://cnets.indiana.edu/

- Center for Complex Networks Research at Northeastern University. http://www.barabasilab.com/

- Center for Complex Systems and Brain Sciences at Florida Atlantic University. http://www.ccs.fau.edu/

* Center for Complex Systems and Dynamics. Illinois Institute of Technology. http://web.iit.edu/ccsd

- Center for Complex Systems Research at UIUC http://www.dynamicalsystems.org/ma/ma/display?item=189

- Center for Complexity in Business at the University of Maryland's Robert H. Smith School of Business. http://www.rhsmith.umd.edu/ccb/

- Center for Complexity in Health at Kent State University. http://cch.ashtabula.kent.edu/

- Center for Interdisciplinary Research on Complex Systems at Northeastern University. http://www.circs.neu.edu/

- Center for Network Science (CNS) https://cns.ceu.edu/

- Center for Nonlinear Phenomena and Complex Systems at Université libre de Bruxelles, Belgium. http://www.ulb.ac.be/rech/inventaire/unites/ULB164.html

- Center for Social Complexity at George Mason University. http://socialcomplexity.gmu.edu/

- Center for Social Dynamics & Complexity (CSDC) at Arizona State University. http://csdc.asu.edu/

o Center for the Study of Biological Complexity, Virginia Commonwealth University. http://www.vcu.edu/csbc/

- Center for the Study of Complex Systems at the University of Michigan. http://www.lsa.umich.edu/cscs/

o Center for Theoretical Physics of Complex Systems- South Korea https://www.ibs.re.kr/eng/sub02_03_08.do

o Centre for Energy Research- Institute for Technical Physics and Materials Science
o http://www.mfa.kfki.hu/en/about

- Centres for Research Excellence- New Zealand
  http://www.tec.govt.nz/Funding/Fund-finder/CoREs/

- Centro de Ciencias de la Complejidad, en la UNAM, México.
  http://c3.fisica.unam.mx/

- Centro de Investigación en Complejidad Social (CICS).
  http://www.complejidadsocial.cl/

- Chaos UMD, University of Maryland.
  http://www-chaos.umd.edu/chaos.html

- Collective Dynamics of Complex Systems Research Group at Binghamton University, State University of New York.
  http://coco.binghamton.edu/

- Complex Adaptive Systems- Chalmers- Sweden
  https://www.chalmers.se/en/education/programmes/mastersinfo/Pages/Complex-Adaptive-Systems.aspx

- Complex Adaptive Systems Group Iowa State University
  http://www.cs.iastate.edu/~honavar/alife.isu.html

- Complex Systems & Education, SCED, ISTEC.
  http://www.istec.org/rd/redes-proyectos/sced

- Complex Systems Laboratory, Université de Montréal.
  http://en.geo.umontreal.ca/research/researchinterests/resultats/interet/Complex%20systems%20theory/

- Complex Systems Research Group- University of Sidney
  http://sydney.edu.au/engineering/civil/research/complexsystems/

- Leadership an Innovation in Complex Systems-Denmark
  http://edu.au.dk/en/education/leadership-and-innovation-incomplex-systems/

- **Complex Agent-Based Dynamic** Networks-University of Oxford
  http://www.cabdyn.ox.ac.uk/complexity_home.asp

- Complexity & Management Centre, Business School of the University of Hertfordshire http://complexityandmanagement. wordpress.com/

- Complexity Complex at the University of Warwick, United Kingdom. http://www2.warwick.ac.uk/fac/cross_fac/complexity.

- Complexity Science Hub, Vienna http://csh.ac.at/index/

- Comunidad de Pensamiento Complejo. http://www.pensamientocomplejo.org/index.asp.

- Department of Complexity Science and Engineering. The University of Tokyo, Japon. http://www.k.utokyo.ac.jp/complex/en/index.html

- Department of Physics, UC San Diego. http://physics.ucsd.edu/about.php

- Economplex. The intersection of economics and complexity science. http://www.economplex.org/category/complexity-science/

- Escola de Redes, Brasil. http://escoladeredes.net/profiles/blogs/ciencia-dacomplexidade-

- European Research School for Complex Systems http://www.complexity-research.org/page/1

- Evolutionary and Adaptive Systems (EASy), University of Sussex. http://sussex. Ac.uk/easy/

- Grupo de investigación computacional de la complejidad social. http://cisepa.pucp.edu.pe/grupos/seminario-de-investigacioncomputacional-de-la-complejidad-social/

- Grupo de Investigación. Grupo de Sistemas Complejos. http://www.upm.es/observatorio/vi/index.jsp?pageac=grupo.jsp &idGrupo=170

- Grupo de Sistemas Complejos. Universidad Politécnica de Madrid. http://138.100.137.229/master/

- Hands-On Research in Complex Systems Schools http://www.handsonresearch.org/

- Harvard-MIT Observatory of Economic Complexity. http://atlas.media.mit.edu/en/

- Human Complex Systems (ISC-PIF), University of California, Los Angeles, USA. http://escholarship.org/uc/hcs

- *Institut de recherche sur les systèmes complexes* https://portail.umons.ac.be/FR/infossur/intranet/complexys/Pag es/default.aspx

- Institut des Systemes Complexes de Paris Ile de France (ISCPIF), Francia. http://iscpif.fr

- Institute for Complex Systems and Mathematical Biology. Scotland. http://www.abdn.ac.uk/icsmb/

- Institute for the Study of Coherence and Emergence (ISCE). http://www.isce.edu/

- Institute for the Study of Complex Systems (ISCS). http://www.complexsystems.org/

- Institute Rhonalpin des Systemes Complexes, Francia. http://www.ixxi.fr/

- Instituto de Filosofía y Ciencias de la Complejidad. Chile. http://www.ificc.cl/

- Instituto de Física Interdisciplinar y Sistemas Complejos (IFISC, UIB-CSIC) https://ifisc.uib-csic.es/

- Instituto de Sistemas Complejos. Valparaiso, Chile. http://www.sistemascomplejos.cl/

- Instituto del Pensamiento Complejo http://ipcem.net/

- International Research Center for Mathematics & Mechanics of Complex Systems (M&MoCS) at University of L'Aquila, Italy. http://memocs.univaq.it/?lang=en

- Introduction to Complex Systems. https://www.utrechtsummerschool.nl/courses/science/introduct ion-to-complex-systems

- Italian Society for Chaos and Complexity. http://www.siccit.unina.it/index.php?lang=en

- La cátedra honorífica de complejidad de la Universidad de Camaguey, Cuba marcelo.chacon@reduc.edu.cu CUBA. https://sites.google.com/site/complejidad2009camaguey/Home

- LSE Complexity Group, Londres. http://www.lse.ac.uk/researchAndExpertise/units/complexity/ho me.aspx

- M&Z Complexity Thinking . http://www.humbertomariotti.com.br/gestao-dacomplexidade.asp

- Master's Programme in Complex Adaptive Systems at University of Gothenburg, Sweden. http://www.science.gu.se/english/education/master/cas

- Max Planck Institute for the Physics of Complex Systems, Germany. https://www.mpipks-dresden.mpg.de/

- New England Complex Systems Institute- http://necsi.edu/

- Northwestern Institute on Complex Systems (NICO). http://www.nico.northwestern.edu/

- Plexus Institute for the study of Complex Change and Innovation. http://www.plexusinstitute.org/

- Réseau National des Systèmes Complexes (RNSC), Francia. http://rnsc.fr

- Santa Fe Institute. http://www.santafe.edu/

- Section for Science of Complex Systems- Medizinische Universitat Wien http://www.complex-systems.meduniwien.ac.at/about/

- Self-organizing Systems Research Group- Harvard University https://www.eecs.harvard.edu/ssr/

- Southampton Institute for Complex Systems Simulation. http://www.icss.soton.ac.uk/

- Stanford Complexity Group http://complexity.stanford.edu/

- Swiss Federal Institute of Technology, Zurich https://www.ethz.ch/en.html

- The Bristol Centre for Complexity Sciences (BCCS) at University of Bristol. http://www.bris.ac.uk/bccs/

- The Center for Complexity Science. Israel. http://ccs.org.il/about

- The Complexity Science Group at University of Calgary. http://www.ucalgary.ca/complexity/

- The Institute of Global Dynamic Systems, Canberra, Australia. https://sites.google.com/site/institutegds/

- The International Center for Complexity and Conflict. http://www.iccc.edu.pl/

- UCD-Dublin- Complex Adaptive Systems Laboratory http://www.ucd.ie/casl/

- UCL Complex, University College London, London. http://www.ucl.ac.uk/complex/

- University of Alaska. Classes in Complexity. https://www.uaa.alaska.edu/academics/institutionaleffectiveness/departments/complex-systems/classes.cshtml

- Vermont Complex Systems Center. http://www.uvm.edu/~cmplxsys/

- World Complexity Science Academy.
  http://www.wcsaglobal.org/

- York Centre for Complex Systems Analysis at University of York.
  http://www.york.ac.uk/yccsa/

BIBLIOGRAFÍA:

Abraham, Ralph (2002). The Genesis of Complexity http://www.ralph-abraham.org/articles/MS%23108.Complex/complex.pdf (Última consulta: 3 Junio, 2016)

Aguado, J. M., (s.f.) Autopoiesis.
http://glossarium.bitrum.unileon.es/Home/autopoiesis (Última consulta: 1 Junio, 2016)

Allen, P., Maguire, S., McKelvey, B., (2011). The Sage Handbook of Complexity and Management.
London: Sage Publications.

Arab, L. E., Díaz, G. A., (2015). Impacto de las redes sociales e internet en la adolescencia: aspectos positivos y negativos. http://www.elsevier.es/es-revista-revista-medica-clinica-las-condes-202articulo-impacto-las-redes-sociales-e-90393596 (Última consulta: 21 Junio, 2016)

Ash, J. S., Berg, M., Coiera, E., (2004). Some Unintended Consequences of Information Technology in Health Care: The Nature of Patient Care Information System-related Errors
http://jamia.oxfordjournals.org/content/11/2/104.long. (Última consulta: 31 Mayo, 2016)

Blasius, B., Brockman, D., (2011). Frontiers in network science: advances and applications.
https://www.researchgate.net/publication/227589272_Frontiers_in_network_science_Advances_ and_applications (Última consulta: 21 Junio, 2016

Capra, F., (s.f.) Is There Room for Spirit in Science?
http://spiritualprogressives.org/newsite/?p=681

Complexity Explorer (2016). Glossary.
https://www.complexityexplorer.org/explore/glossary
(Última consulta: 1 Junio, 2016)

Conference on Complex Systems (2015). http://www.ccs2015.org/ (Última consulta: 25 Junio, 2016)

Cosmides, L., Tooby, J., (1997) Evolutionary Psychology: A Primer. http://www.cep.ucsb.edu/primer.html (Última consulta: 1 Junio, 2016)

Costanzo, C., Littlejohn, I. (2006) Early Detection Capabilities: Applying Complex Adaptive Systems Principles to Business Environments. http://necsi.edu/events/iccs6/viewpaper.php?id=400 Última consulta: 31 Mayo, 2016

Cutler, Robert M., (2002). Complexity Science and Knowledge-Creation in International Relations Theory.
http://www.robertcutler.org/download/pdf/en02eolx.pdf (Última consulta: 28 Mayo, 2016).

(DefinicionABC, (s.f.) Definición de Termodinámica.
http://www.definicionabc.com/ciencia/termodinamica.php (Última consulta: 6 Julio, 2016)

(Definición.de, (2016). Pensamiento complejo.
http://definicion.de/pensamiento-complejo/
(Última consulta: 31 Mayo, 2016)

(Definicionyque.es (2014). Sorpresa. http://definicionyque.es/sorpresa/
(Última consulta: 1 Junio, 2016)

De Toni, A. F., (2005). THEORY OF COMPLEXITY AND CREATIVITY. http://www.diegm.uniud.it/create/index.htm (Última consulta: 29 Mayo, 2016)

De Toni, A.F., Comello, L. (2010). Journey into complexity. Ebook.

Díaz Avalos, J. (2011). Termodinámica del no equilibrio. http://ccunmsm.blogspot.com/2011/04/termodinamica-del-no-equilibrio.html (Última consulta: 2 Junio, 2016)

Diccionario de Informática y Tecnología (2016). Sistema. http://www.alegsa.com.ar/Dic/sistema.php (Última consulta: 2 Junio, 2016)

Dorigo, M., Birattari M., (2007). Swarm intelligence. http://www.scholarpedia.org/article/Swarm_intelligence (Última consulta: 1 Junio, 2016)

Dyer, L., & Ericksen, J. (2006). Dynamic organizations: Achieving marketplace agility through workforce scalability. http://digitalcommons.ilr.cornell.edu/cahrswp/454 (Última consulta: 1 Junio, 2016)

Eck, David J., (s.f.) Introduction to The Edge of Chaos. http://math.hws.edu/xJava/CA/EdgeOfChaos.html (Última consulta: 29 Mayo, 2016)

Eoyang, Glenda H., (2001). CONDITIONS FOR SELF-ORGANIZING IN HUMAN SYSTEMS. http://www.hsdinstitute.org/about-hsd/dr-glenda/glendaeoyang-dissertation.pdf. (Última consulta: 28 Mayo, 2016)

Galindo Soria, F., (1989) De fractales y otros bichos. http://www.fgalindosoria.com/fractales_y_bichos/fractales_bichos/fractales_y_otros_bichos.pdf (Última consulta: 2 Junio, 2016)

Gell-Mann, Murray (1995). What is Complexity? http://complexity.martinsewell.com/Gell95.pdf (Última consulta: 28 Mayo del 2016)

Gell-Mann, Murray (2002). Plectics: The study of simplicity and complexity. http://www.europhysicsnews.org/articles/epn/pdf/2002/01/epn02105.pdf (Última consulta: 28 Mayo, 2016)

Gleick, J. (1987). Chaos. Making a new science. New York: Penguin Books.

Goguen, J., (1997). Towards a social, ethical theory of information. https://cseweb.ucsd.edu/~goguen/ps/sti.pdf (Última consulta: 2 Junio, 2016)

Goldstein, J., (2012) Resource Guide and Glossary for Nonlinear/Complex Systems Terms http://c.ymcdn.com/sites/www.plexusinstitute.org/resource/resmgr/files/goldstein_-_resource_guide_a.pdf (Última consulta: 1 Junio, 2016)

Gray, D., (2014). The paradoxes of organization. https://medium.com/the-xplane-collection/theparadoxes-of-organization-7e468956ddf8#.gnlpmcu61 Última consulta: 31 Mayo, 2016

Gutiérrez, P., Hott, E., ( ). Introducción al mundo fractal. http://www.sectormatematica.cl/fractales/fractales.pdf (Última consulta: 31 Mayo, 2016)

Haken, H., (2007). Synergetics. http://www.scholarpedia.org/article/Synergetics (Última consulta: 1 Junio, 2016)

Harris, R., (1998). Introduction to Creative Thinking. http://www.virtualsalt.com/crebook1.htm Última consulta: 31 Mayo, 2016

Hastings, D. (2004) A Framework for Understanding Uncertainty and its Mitigation and Exploitation in Complex Systems https://esd.mit.edu/symposium/pdfs/papers/hastings.pdf (Última consulta: 1 Junio, 2016)

Heylighen, F. (s.f.) The science of self-organization and adaptivity. http://pespmc1.vub.ac.be/papers/eolss-self-organiz.pdf (Última consulta: 29 Mayo, 2016)

(Heylighen, F., (s.f.). Conceptions of a global brain. http://pespmc1.vub.ac.be/papers/Gbconceptions.pdf (Última consulta: 1 Junio, 2016)

Holladay, R., (2010). Traditional Strategic Planning and Adaptive Action Planning. http://s3.amazonaws.com/hsd.herokuapp.com/contents/56/original/HSD.C TW.Adaptive_Action.ju l2010.pdf?1342824713 (Última consulta: 1 Junio, 2016)

Holland, J. H., (2004). El orden oculto. De cómo la adaptación crea la complejidad. México D.F.: Fondo de Cultura Económica.

Hommes, Saskia. (1980). (Conquering Complexity. Dealing with uncertainty and ambiguity in water management. Hommes, Saskia. Wohrmann Print Service: Zutphen, The Netherlands.

HRZone (2016). What is business agility. http://www.hrzone.com/hr-glossary/what-is-businessagility (Última consulta: 1 Junio, 2016)

Internet Live Stats. (2016) http://www.internetlivestats.com/total-number-of-websites/ (Última consulta: 1 junio, 2016)

Jung, C. G., (1988). Sincronicidad. Málaga. Editorial Sirio S.A.

Kadushin, Ch., (2012) Understanding social networks. New York U.S.A., Oxford University Press.

Kaptan, S. (2012). A Review on Reductionism, Holism, and the Evolution of Complexity Science. http://web.boun.edu.tr/ali.saysel/Esc578/Serkan%20Kaptan%20-%20complexity%20science.pdf (Última consulta: 16 Diciembre del 2012).

Kauffman, S., (1995). At home in the universe. New York: Oxford University Press.

Kelly, K., (1994). Out of Control. Kevin Kelly.

Kinsinger, P., Walch, K., (s.f.) Living and leading in a vuca world. http://www.thunderbird.edu/article/living-and-leading-vuca-world Última consulta: 31 Mayo, 2016

Knyazeva, H., (2003) What is synergetics?. http://spkurdyumov.ru/what/what-is-synergetics/
(Última consulta: 1 Junio, 2016

Lawrimore, E. W., Buck, (2004). Introduction to the Basic Concepts of Complexity Science (Última consulta: 28 Mayo, 2016)

Leland, W. E., (2008). GENI and the challenges of network science. http://groups.geni.net/geni/attachment/wiki/GEC2/WL_Network_Science.pdf

Lucas, Ch., Milov, Y., (2002).Conflicts as Emergent Phenomena of Complexity. CALResCO Group. http://www.calresco.org/group/conflict.htm.(Última consulta: 17 Diciembre del 2012)

Maartens, W., (2007). Matter, Energy and Information. http://www.authorsden.com/visit/viewarticle.asp?id=30331 (Última consulta: 1 Junio, 2016)

Magee, C. L., de Weck, O. L. (2004). Complex System Classification. https://www.semanticscholar.org/paper/Complex-System-Classification-

Magee/8ebbf076136aaf0b1578db2fbf6be1d389099980/pdf. (Última consulta: 28 Mayo, 2016).

Maldonado, Carlos Eduardo (2004). Ciencias de la Complejidad: ciencias de los cambios súbitos. http://www.carlosmaldonado.org/articulos/Ode%F3n.pdf (Última consulta: 4 Junio, 2016)

Malinowski, N., (2013). El pensamiento complejo de Edgar Morin, nueva asignatura de bachillerato en México. http://www.tendencias21.net/El-pensamiento-complejo-de-Edgar-Morin-nuevaasignatura-de-bachillerato-en-Mexico_a19839.html (Última consulta: 4 Junio, 2016)

Mannucci, M. (2005). Narraciones corporativas. Comunicación, estrategia y futuro en las organizaciones.

Mar, A., (2013) 13 examples of the Pareto principle http://management.simplicable.com/management/new/examples-of-the-pareto-principle (Última consulta: 1 Junio, 2016)

Martínez, F., Ortiz, E., González, A., y Brito H., (2009). Antecedentes, iniciadores y fundamentos de los estudios de la complejidad. http://www.redalyc.org/pdf/1990/199016737004.pdf (Última consulta: 4 Junio, 2016).

McCarthy, J., (2007). What is artificial intelligence? Basic Questions http://wwwformal.stanford.edu/jmc/whatisai/node1.html (Última consulta: 1 Junio, 2016)

McDaniel Jr., R. R., Jordan, M. E., Fleeman, B. F., (2003). Surprise, surprise. A complexity science view of the unexpected.

http://blogs.edb.utexas.edu/mjordan/files/2010/01/McDaniel_Jordan_Fleeman-2003_Surprise.pdf.

(Última consulta: 31 Mayo, 2016)

McDaniel, Jr., R. R., Driebe, D. J., (2005).Uncertainty and surprise in complex systems. Questions on working with the unexpected. Berlin, Heidelberg: Springer-Verlag

Merton, R. K., (1936). The Unanticipated Consequences of Purposive Social Action.
http://www.compilerpress.ca/Competitiveness/Anno/Anno%20Merton%20Unintended.htm.

(Última consulta: 31 Mayo, 2016)

Part I: THE QUANTUM AND THE QUASI-CLASSICAL with MURRAY GELL-MANN, Ph.D. http://www.williamjames.com/transcripts/gell1.htm

(Última consulta: 29 Mayo, 2016)

Mitleton-Kelly, E., (2003). Complex Systems and Evolutionary Perspectives in Organisations. The application of complexity theory to organizations. Oxford: Elsevier Science Ltd.

Mitleton-Kelly, E., (s.f.). Complexity: Partial support for BPR.
https://www.researchgate.net/profile/Eve_Mitleton-Kelly/publication/237568963_THIS_PAPER_WILL_BE_PUBLISHED_AS_CHAPTER_3_IN_'SYSTEMS_ENGINEERING_FOR_BUSINESS_PROCESS_CHANGE'_EDITED_BY_PROFESSOR_PETER_HENDERSON_PUBLISHED_BY_SPRINGER-VERLAG_ISBN1-85233-222-0/links/54227a130cf238c6ea67a6bc.pdf
(Última consulta: 29 Mayo, 2016)

Mitleton-Kelly, Eve (2003) Ten principles of complexity & enabling infrastructures.
http://www.psych.lse.ac.uk/complexity/events/PDFiles/publication/Ten_pri

nciples_of_complexity_enabling_infrastructure.pdf (Última consulta: 28 Mayo, 2016)

Morgan, G., (2006). Images of Organization. Thousand Oaks, California: Sage Publications Inc.

Morin, E., (1990). Introducción al pensamiento complejo. Barcelona, GEDISA

Morin, E., (2006). El Método 6, Ética. Madrid. Ediciones Cátedra (Grupo Anaya, S. A.)

Multiversidad Mundo Real Edgar Morin (2016).
http://www.multiversidadreal.edu.mx/ (Última consulta: Junio 25, 2016)

Murray, T., Ross, S., Inglis, J. (2008) Tools for Dealing with Uncertainty, Ambiguity, and Paradox:
Reflective Methods for Group Development.
http://www.perspegrity.com/papers/NCDD08_Uncertainty_Methods workshopHandout.pdf. (Última consulta: 31 Mayo, 2016)

Newman, M. E. M. (2003) The structure and function of complex networks
http://arxiv.org/pdf/cond-mat/0303516v1.pdf
(Útima consulta: 29 Mayo, 2016)

O´Connell, T., Cuthbertson, B., Goins, T. (s.f.) Values, beliefs and emotional intelligence. http://www.humankinetics.com/excerpts/excerpts/values-beliefs-and-emotional-intelligence (Última consulta: 14 Junio, 2016)

Olson, E. E., Eoyang, G. H. (2001). Facilitating Organization Change. San Francisco, CA: JosseyBass/Pfeiffer

Parunak, H. Van Dyke (s.f.) A Survey of Environments and Mechanisms for Human-Human Stigmergy*.
http://citeseerx.ist.psu.edu/viewdoc/download?doi=10.1.1.100.6974&rep=rep1&type=pdf (Última consulta: 1 Junio, 2016)

Patiño, J. F., (2000). Las Teorías de Caos y de Complejidad en Cirugía. https://encolombia.com/medicina/revistas-medicas/cirugia/vc-153/cirugia15300_teorias/ (Última consulta: 28 Mayo, 2016)

Perssson, M,, Wennberg, A., (2011). Coopetition and complexity. http://www.divaportal.org/smash/get/diva2:506554/FULLTEXT02 (Última consulta: 1 Junio, 2016) (Pieters, C., P., (s.f.). https://www.academia.edu/224962/Complex_Systems_and_Patterns. (Última consulta: 31 Mayo, 2016)

Plsek, Paul E., (1997). Working Paper: Some Emerging Principles for Managers of Complex Adaptive Systems (CAS) http://www.directedcreativity.com/pages/ComplexityWP.html (Última consulta: 28 Mayo, 2016)

Población Sáez, A. J. (2006). http://divulgamat2.ehu.es/divulgamat15/index.php?option=com_content&view=article&id=8856:17matemcas-televisivas&catid=68:cine-y-matemcas&directory=67 (Última consulta: 2 Junio, 2016)

Pupo, R. (2008) 14. Teoría de la complejidad y pensamiento complejo. La obra de Edgar Morin http://letras-uruguay.espaciolatino.com/aaa/pupo_pupo_rigoberto/teoria_de_la_complejidad.htm (Última consulta: 4 Junio, 2016)

Ramalingan, B., Jones, H., Reba, T., and Young J. (2008).Exploring the science of complexity: Ideas and implications for development and humanitarian efforts http://www.odi.org.uk/sites/odi.org.uk/files/odi-assets/publications-opinion-files/833.pdf (Última consulta: 28 Mayo, 2016)

Ramos, I., Berry, D.M., Carvalho, J. A. (2002). The role of emotion, values, and beliefs in the construction of innovative work realities. https://cs.uwaterloo.ca/~dberry/FTP_SITE/reprints.journals.conferences/RamosBerryCarvalho2002RoleEmotion.pdf

Real Academia Española (2010). Diccionario de la Real Academia Española, Vigésima Segunda Edición. http://lema.rae.es/drae/?val=paradoja. (Última consulta: 31 Mayo, 2016)

Reeves, D., Daimler, M., (2011) Adaptability: the new competitive advantage. https://hbr.org/2011/07/adaptability-the-new-competitive-advantage (Última consulta: 1 Junio, 2016)

Reynolds, P., (2015) About the Oracle of Bacon. https://oracleofbacon.org/help.php (Última consulta: 30 Mayo, 2016)

Richardson, G. P. (2016). System Dynamics. In Encyclopedia of Operations Research and Management Science http://link.springer.com/referenceworkentry/10.1007%2F978-1-4419-1153-7_1030 (Última consulta: 4 Junio, 2016)

Rickles, D., Hawe, P., Shiell, A. (2007). A simple guide to chaos and complexity.
http://jech.bmj.com/content/61/11/933.full.pdf+html (Última consulta: 28 Mayo, 2016).

Ritter, B. (s.f.). The Greatest of Entrepreneurship Obstacles: Coping with Ambiguity in The Balanced Entrepreneur.
http://www.thebalancedentrepreneur.com/Greatest_Entrepreneurship_Obstacles_Coping_with_A mbiguity (Última consulta: 18 Diciembre del 2012)

San Juan, M. A. F., (2009) Entrelazamiento y Caos (Entaglement and Chaos). http://www.madrimasd.org/blogs/complejidad/2009/10/25/127542 (Última consulta: 1 Junio, 2016)

Sanders, T. Irene (2003). The use of complexity science. http://www.complexsys.org/downloads/complexitysciencesurvey.pdf (Última consulta: 28 Mayo, 2016)

Santa Fe Institute (2016). Why. http://www.santafe.edu/education/education-why/ (Última consulta: 15 Junio, 2016)

Schwartz, S. H. (2006) Basic Human Values: Theory, Measurement, and Applications http://seangallaghersite.com/yahoo_site_admin/assets/docs/Article_Basic_Human_Valuespg1_12.254183413.doc Última consulta: 31 Mayo, 2016

Scott, K. J. A. (1995) Dynamic Patterns : The Self-organization of Brain and Behavior. MIT Press

Shannon, C. E. (1948) A mathematical theory of communication. http://worrydream.com/refs/Shannon%20-%20A%20Mathematical%20Theory%20of%20Communication.pdf (Última consulta: 1 Junio, 2016)

Simon, Herbert A. (1962).The Architecture of Complexity. http://ecoplexity.org/files/uploads/Simon.pdf (Última consulta: 28 Mayo, 2016)

Smith, M. K. (2001) 'Chris Argyris: theories of action, double-loop learning and organizational learning', the encyclopedia of informal education. http://www.infed.org/thinkers/argyris.htm.(Última consulta: 31 Mayo, 2016)

Tercero Talavera, I., (2010). Consecuencias Imprevistas.
http://www.coevolucion.net/index.php?option=com_content&view=article&id=172:consecuenciasimprevistas.(Última consulta: 17 Diciembre del 2012)

Tercero Talavera, F. I., (2013). Complejidad: las ciencias del cambio y la sorpresa. Autopublicación

Thearling, K., (2012). An introduction to data mining.
http://www.thearling.com/text/dmwhite/dmwhite.htm (Última consulta: 1 Junio, 2016).

Thompson Klein, J., (2004). Prospects for transdisciplinarity.
http://lepo.it.da.ut.ee/~cect/teoreetilised%20seminarid_2009%20s%C3%BCgis/3_seminar_IDENTITEET_24.11.2009/Prospects_of_transdiscipinarity_2004.pdf (Última consulta: 2 Junio, 2016)

Thompson, J. N., (2009).The Coevolving Web of Life.
http://bio.research.ucsc.edu/people/thompson/PublPDFs/125%20Thompson%202008%20Am%20N at.pdf. (Última consulta: 29 Mayo, 2016)

Trabajardesdecasasi (2014) Principio de Pareto, el secreto de la prosperidad.
http://trabajardesdecasasi.com/principio-de-pareto/ (Última consulta: 1 Junio, 2016)

Turocy, T. L., von Stengel, B., (2001) Game Theory.
http://www.cdam.lse.ac.uk/Reports/Files/cdam-2001-09.pdf (Última consulta: 1 Junio, 2016)

Uzzi, B., Amaral, Luis A.N., Reed-Tsochas, F., (2007). Small-world networks and management science research: a review.
https://www.kellogg.northwestern.edu/faculty/uzzi/ftp/Uzzi_EuropeanMan Review_2007.pdf (Última consulta: 30 Mayo, 2016)

Vogel, G., (1997). Scientists Probe Feelings Behind Decision-Making.
http://www.ganino.com/games/Science/science%20magazine%201997-1998/root/data/Science%201997-1998/pdf/1997_v275_n5304/p5304_1269.pdf
(Última consulta: 14 Junio, 2016)

Waldrop, M. M. (1992). Complexity. The emerging science at the edge of order and chaos. New York: Simon & Schuster Inc.

Watts, D. J., Strogatz, S. H. (1998) Collective dynamics of 'small-world' networks.
http://www.nature.com/nature/journal/v393/n6684/abs/393440a0.htm.(Última consulta: 18 Diciembre del 2012)

Weaver, W. (1948). Science and Complexity.
http://people.physics.anu.edu.au/~tas110/Teaching/Lectures/L1/Material/WEAVER1947.pdf
(Última consulta: 18 Diciembre del 2012)

Weick, K. (2009). Making sense of the organization. Chichester, West Sussex. United Kingdom: John Wiley and Sons.

Wheatley, M. J., (1999). Leadership and the new science. Discovering order in a chaotic world. Second Edition. San Francisco: Berret-Koehler Publishers.

Whatis- Malcanek, T., (2008). Definition Volatile.
http://whatis.techtarget.com/definition/volatile (Última consulta: 2 Junio, 2016.

Wikipedia (2016) Actitud. (Última consulta: 14 Junio, 2016)

Wikipedia (2016). Business agility. https://en.wikipedia.org/wiki/Business_agility (Última consulta: 1 Junio, 2016)

Wikipedia. (2012). Butterfly Effect. http://en.wikipedia.org/wiki/Butterfly_effect (Última consulta: 28 Mayo, 2016).

Wikipedia (2016). Ciencia Cognitiva. https://es.wikipedia.org/wiki/Ciencia_cognitiva (Última consulta; 1 junio, 2016)

Wikipedia (2016). Dinámica de sistemas. https://es.wikipedia.org/wiki/Din%C3%A1mica_de_sistemas (Última consulta: 20 Julio, 2016)

Wikipedia (2016). Emergencia. https://es.wikipedia.org/wiki/Emergencia_(filosof%C3%ADa). (Última consulta: 28 Mayo, 2016)

Wikipedia (2016). Entrelazamiento cuántico.

https://es.wikipedia.org/wiki/Entrelazamiento_cu%C3%A1ntico (Última consulta: 1 Junio, 2016)

Wikipedia. Estructura (2016). https://es.wikipedia.org/wiki/Estructura (Última consulta: 20 Julio, 2016)

Wikipedia. Fractal (2016). http://en.wikipedia.org/wiki/Fractal.(Última consulta: 31 Mayo, 2016)

Wikipedia. Fuzzy Logic (2016). https://en.wikipedia.org/wiki/Fuzzy_logic (Última consulta: 1 Junio, 2016)

Wikipedia (2016). Historia de la inteligencia artificial. http://es.wikipedia.org/wiki/Historia_de_la_inteligencia_artificial (Última consulta: 1 Junio, 2016

Wikipedia (2016). Information Theory. https://en.wikipedia.org/wiki/Information_theory (Última consulta: 1 Junio, 2016)

Wikipedia (2016). Phase Space. https://en.wikipedia.org/wiki/Phase_space (Última consulta: 29 Mayo, 2016)

Wikipedia (2016). Realimentación. https://es.wikipedia.org/wiki/Realimentaci%C3%B3n

Wikipedia (2016). Redes libres de escala. http://es.wikipedia.org/wiki/Red_libre_de_escala. (Última consulta: 31 Mayo, 2016)

Wikipedia (2016). Scale-free network. http://en.wikipedia.org/wiki/Scale-free_network.(Última consulta: Mayo 31, 2016)

Wikipedia (2016) Sincronicidad. https://es.wikipedia.org/wiki/Sincronicidad (Última consulta: 1 Junio, 2016)

Wikipedia (2016). Small-world network. https://en.wikipedia.org/wiki/Small-world_network. (Última consulta: 30 Mayo, 2016)

Wikipedia (2016). Sociobiología. https://es.wikipedia.org/wiki/Sociobiolog%C3%ADa (Última consulta: 1 Junio, 2016)

Wikipedia. (2016) Stanley Milgran
https://en.wikipedia.org/wiki/Stanley_Milgram (Última consulta: 29 Mayo, 2016)

Wikipedia. (2016) Synchronicity.
https://en.wikipedia.org/wiki/Synchronicity (Última consulta: 1 Junio, 2016)

Wikipedia (2016). Teoría de Sistemas.
https://es.wikipedia.org/wiki/Teor%C3%ADa_de_sistemas
(Última consulta: 2 Junio, 2016)

Wikipedia (2016). Topología.
https://es.wikipedia.org/wiki/Topolog%C3%ADa (Última consulta: 2 Junio, 2016)

Wolf, F. A., (s.f.) Awakening your Soul or: Becoming aware that you are a Spiritual Universe
http://www.fredalanwolf.com/myarticles/awakening%20your%20soul.pdf
(Última consulta: 1 Junio, 2016)

WorldWideWebSize (2016). The size of the world wide web.
http://www.worldwidewebsize.com/
(Última consulta: 1 Junio, 2016)

Zambonelli, F., (2010. Small World Networks.
http://didattica.agentgroup.unimore.it/wiki/images/7/78/SmallWorld.pdf
(Última consulta: 30 Mayo, 2016)

Zimmerman, B., Lindberg, C., Plsek, P., (2001). Edgeware. Insights from complexity science for health care leaders. Second Edition. Irving, Texas: VHA. Inc.

ACERCA DEL AUTOR:

Francisco Iván Tercero Talavera se graduó de Médico Cirujano en la Universidad Nacional Autónoma de México. Hizo la especialidad de Pediatría en Hackensack Hospital, Hackensack N.J., y en el Children´s Hospital of Newark, en Newark, New Jersey, EE. UU., donde fue Jefe de Residentes; posee una Maestría en Salud Pública del Centro de Investigaciones y Estudios para la Salud (CIES), Universidad Nacional Autónoma de Nicaragua, Managua, y un Máster Universitario en Economía y Gestión de la Salud, de la Universidad Politécnica de Valencia, España.

Además de practicar la Pediatría y desarrollar actividades de docencia de Pre y Post-Grado en esa especialidad, se ha dedicado a la Salud Pública, desempeñando diferentes posiciones en instituciones gubernamentales de salud de Nicaragua, que han ido, desde Médico Pediatra, Jefe de Pediatría, Jefe de

Enseñanza, hasta Director General de Docencia e Investigaciones del Ministerio de Salud y Vice Ministro de Salud. Ha sido consultor y funcionario en Organismos y Agencias de Cooperación Internacional en Salud (Organización Panamericana de la Salud, Fondo de Población de las Naciones Unidas, Development Associates Inc., Management Sciences for Health, y Agencia de los Estados Unidos para el Desarrollo Internacional). Reside en Nicaragua.

Desde hace varios años ha desarrollado un especial interés en las Ciencias de la Complejidad. Este es su segundo libro sobre el tema. El primero, **"Complejidad: Las ciencias del cambio y la sorpresa"**, fue publicado en 2013. Mantiene la página Web: http://www. COEVOLUCION.NET.

ÍNDICE TEMÁTICO

abiertas, 90
Academia Nacional de Ciencias de los Estados Unidos, 86
actitudes, 67, 90, 170, 173, 183, 219, 230, 240
Actitudes, 172, 173
ACTITUDES, 171
adaptabilidad, 72, 176, 188
Adaptabilidad, 25, 187
adaptación, 32, 70, 71, 74, 77, 82, 83, 106, 146, 187, 237, 289
Adaptación, 68, 186
ADAPTACIÓN, 68, 210
ADAPTATIVA, 191
Adelphi University, 209
agentes adaptativos, 72, 73, 83

AGENTES ADAPTATIVOS, 72
agilidad, 176, 185
Alan Turing, 29
Albert, 109, 114, 249
aleteo de la mariposa, 196
ALGORITMO GENÉTICO, 210
algoritmos genéticos, 33
Al-Qaeda, 155
Amaral, 108, 109, 298
AMBIGUEDAD, 165
ambigüedad, 17, 131, 165, 166, 167, 168, 170, 175
Ambigüedad, 166, 175, 176
AMBIGÜEDAD, 175, 210
América Latina, 31, 269
Ang, S, 201
Argyris, 161, 296

arquitectura, 24, 116, 243
arte, 24
Ash, 159, 285
Atractor, 66
ATRACTOR, 211, 212
atractores, 33, 77, 228, 245, 254
Atractores, 67, 68
ATRACTORES, 64
atractores extraños, 33, 228
Australia, 154, 155, 269, 282
AUTÓMATA CELULAR, 212
autómatas celulares, 65, 80, 224, 239, 244, 267
auto-organización, 33, 34, 38, 65, 74, 75, 76, 78, 79, 80, 131, 185, 219, 223, 232, 233, 239, 244, 251, 256
Auto-organización, 50, 75, 76
AUTO-ORGANIZACIÓN, 74, 212
AUTOPOIESIS, 213
Balzac, 132

Barabási, 109, 114
Battram, 59
BENARD, 253
Berg, 159, 285
Berlin, 98, 292
bifurcación, 80, 233, 238
Bifurcación, 67
BIFURCACIÓN, 213
Big Bang, 133
Bigelow, 35
biología, 20, 23, 24, 30, 33, 34, 39, 53, 68, 84, 116, 241
Biología, 132, 202, 257
Biosistemas Complejos, 38
Birattari, 231, 232, 287
Borde del Caos, 65
BORDE DEL CAOS, 64
Boston., 99
Bourgine, 40
Broadbent, 261
Broder, 110
Butterfly Effect, 55, 299
cambio, 15, 16, 17, 55, 59, 67, 69, 70, 71, 81, 83, 109, 125, 144, 145, 146, 159, 162, 163,

170, 175, 176, 182, 184, 187, 218, 219, 224, 238, 262, 297, 304
CAMBIO, 144, 175, 214
cambio climático, 15
cambios, 15, 20, 39, 60, 62, 64, 81, 82, 145, 146, 148, 179, 185, 191, 194, 207, 216, 218, 236, 238, 245, 247, 254, 262, 263, 291
caos, 29, 33, 49, 54, 66, 104, 121, 169, 185, 211, 228, 251
Caos, 64, 65, 66, 74, 80, 118, 191, 294, 296
CAOS, 64, 214
Capra, 209, 225, 286
carrera armamentista, 83, 84
Centralidad, 92
cerebro, 54, 78, 81, 87, 100, 131, 132, 133, 213, 216, 241, 244
CEREBRO GLOBAL, 214
Chang Tao, 218
China, 99
Ciberadicción, 96

Ciberbullying, 95
Cibernética, 34, 35, 74, 131
CIBERNÉTICA, 215
Ciencia de las Redes, 86, 94, 97
CIENCIAS COGNITIVAS, 215
ciencias de la complejidad, 17, 24, 29, 36, 42, 43, 115, 121, 185, 215
Ciencias de la Complejidad, 16, 18, 20, 21, 28, 31, 32, 34, 64, 74, 86, 145, 196, 207, 262, 269, 273, 278, 291, 304
ciencias de la computación, 24
ciencias naturales, 23, 39
ciencias políticas, 31, 54
Ciencias Políticas, 258
circuito doble, 161
circuito simple, 161
cirugía, 56
clima, 54, 56, 98, 229
Clockware, 256
CLOCKWARE, 256

Coevolución, 81, 82, 83, 84
COEVOLUCIÓN, 81, 216
Cognición, 39, 41
COHERENCIA, 216
Coiera, 159, 285
Comello, 66, 252, 287
Complejidad, 16, 18, 22, 23, 25, 34, 39, 41, 69, 71, 83, 118, 175, 176, 190, 201, 269, 273, 294, 297, 304
COMPLEJIDAD, 201, 209, 216, 269
complejidad desorganizada, 30
complejidad organizada, 30, 31
Complejidad: las ciencias del cambio y la sorpresa, 16
Complex Systems Society, 37
computación cuántica, 259
conciencia, 137, 141, 225, 241
CONDICIONES INICIALES, 217

conexiones, 44, 45, 47, 63, 79, 90, 93, 100, 101, 102, 104, 106, 109, 111, 112, 212, 243, 257, 266
consecuencias imprevistas, 151
consecuencias inesperadas, 17, 153, 180
Consecuencias Inesperadas, 151, 153
CONSECUENCIAS INESPERADAS, 151
COOPETENCIA, 217
Cowan, 31
Creatividad, 182
Crecimiento, 110
creencias, 19, 79, 166, 170, 172, 173, 210, 231, 267
Creencias, 172, 173
CREENCIAS, 171
criptografía, 258
Cristo, 133
criticalidad autoorganizada, 33
CRITICALIDAD AUTO-ORGANIZADA, 218

CUENCAS DE ATRACCIÓN, 218
CUESTIONAMIENTO DE LAS DIFERENCIAS, 219
Curtis, 173
DDT, 158
de Solla Price, 114
De Toni, 66, 252, 287
de Weck, 23, 290
Densidad, 46, 93
Descartes, 127
desorden, 22, 30, 128, 130, 131, 133, 138, 139, 140, 261
DESVIACIÓN POSITIVA, 219
determinismo, 19, 33, 137
DETERMINÍSTICO, 253
Dialógico, 125
Dickens, 132
Dilema del Prisionero, 82
Dinámica de Sistemas, 34
dinámica no lineal, 38
DINÁMICO, 253
Diversidad, 46
DIVERSIDAD, 220

Dorigo, 231, 232, 287
Driebe, 143, 149, 292
ecología, 20, 97, 136, 147, 259
Ecología de la Acción, 199
economía, 20, 27, 30, 34, 53, 56, 81, 97, 116, 147, 213, 257, 268
Economía, 23, 39, 41, 203, 257, 303
Edgar Morin, 16, 17, 35, 40, 42, 122, 123, 124, 127, 199, 291, 293, 294
Efecto de la Reina Roja, 83
efecto mariposa, 54, 211, 247
Efecto Mariposa, 254
EFECTO MARIPOSA, 220
Efecto Streisand, 156
egocéntricas, 89
Einstein, 33, 249
emergencia, 33, 43, 216, 219, 221, 232, 237, 244, 247, 250, 253

Emergencia, 38, 46, 49, 50, 74, 299
EMERGENCIA, 49, 221
emociones, 170, 173, 240, 256
Emociones, 172, 173
EMOCIONES, 171
ENFOQUES, 190
Engelbrecht, 85
Enlaces Preferentes, 110
entropía negativa, 129
Eoyang, 49, 192, 287, 293
epidemiologia, 97
EQUILIBRIO, 222, 232, 263
error, 134, 152, 247, 256
ESCALA, 223, 243
Escuela de Economía de Londres, 23
espacio de posibilidades, 58, 59, 61, 62, 63
Espacio de Posibilidades, 74
ESPACIO DE POSIBILIDADES, 58
espacio fase, 59, 60, 211
ESPACIO O ESTADO FASE, 223
espíritu, 132, 135, 225
Espíritu, 224
espiritual, 145, 224, 225
ESPIRITUALIDAD, 224
ESTABILIDAD, 226
Estados Unidos, 90, 91, 99, 154, 156, 269, 304
ESTIGMERGIA, 226
Estrategia Militar, 258
ESTRUCTURA DISIPATIVA, 227
estructuras disipativas, 29, 33, 232, 253
Europa, 31, 154, 269
evolución, 23, 34, 39, 71, 74, 75, 76, 78, 81, 105, 109, 210, 216, 247, 251, 254, 259, 262
Evolución, 48, 182
Exploración, 186
EXPLORE, 181
Explotación, 186
Faloutsos, 110

feed-back, 47, 232, 246, 254
FEED-BACK, 47, 246
Filosofía, 141, 203, 257, 278
Finanzas, 39, 41, 203
Firschein, 230
Fischles, 230
física, 20, 24, 32, 38, 52, 64, 79, 116, 130, 131, 145, 222, 226, 234, 259, 263
física cuántica, 33, 222, 226
flexibilidad, 176, 188
Forrester, 35, 220, 246
fractal, 33, 119, 120, 121, 211, 228, 288
FRACTAL, 228
fractales, 17, 119, 120, 121, 228, 287, 288
FRACTALES, 118
Gastón Julia, 119
Gell-Mann, 5, 22, 34, 64, 288
geometría de la página de goma, 265
Geometría del Contagio, 260
Geometría del Desorden, 260

Globalidad, 174
GLOBALIDAD, 174
Goguen, 260, 288
Goldstein, 18, 209, 219, 268, 288
Grassé, 226
Grooming, 95
guerras, 15
Haken, 40, 80, 227, 250, 288
hambre, 15
Hammersley, 261
Hausdorff, 120
Henri Poincaré, 28, 119
Heráclito, 15, 133
Heylighen, 75, 76, 77, 214, 289
Holland, 68, 70, 210, 289
Hologramático, 125
Homofilia, 90
hubs, 106, 111, 112, 113
impredecibilidad, 199
incertidumbre, 17, 59, 124, 134, 149, 150, 159, 165, 170, 175, 207
Incertidumbre, 166, 175, 176
INCERTIDUMBRE, 149, 175, 228

India, 157
INESTABILIDAD, 229
INFORMACIÓN, 229, 258
Informática, 252, 258, 263, 287
injusticia social, 16
Instituto de Tecnología de Massachussets, 23
Instituto Santa Fe, 18, 31, 33, 36, 267
inteligencia artificial, 39, 215, 231, 235, 300
INTELIGENCIA ARTIFICIAL, 230
INTELIGENCIA DE ENJAMBRE, 231
Intensidad, 46
INTERACCIÓN, 232
Interconectividad, 73
INTERCONECTIVIDAD, 44
Interdependencia, 46, 73
INTERDEPENDENCIA, 44
Internet, 39, 86, 87, 94, 96, 97, 156, 214, 215, 257, 289
Intuición, 174

intuiciones, 170
Intuiciones, 172
INTUICIONES, 171
Investigación Operativa, 258
Irlanda, 157
James G. Miller, 258
Jan Inglis, 166
Jeong, 109
Jones, 45, 51, 57, 61, 72, 79, 294
Joseph Juran, 239
Jung, 248, 249, 289
Kadushin, 89, 94, 289
Kauffman, 45, 63, 83, 290
Kauffman y Packard, 45
Kevin Bacon, 103
Kevin Kelly, 82, 217, 256, 290
Kinsinger, 169, 177, 290
Klein, 266, 297
Knyazeva, 250, 251, 290
Kurt Godel, 29
Kurt Wiesenfield, 218
Lambda, 66
Langton, 45, 65, 66, 239, 267

lazos débiles, 92
lenguaje, 39, 120, 133, 231, 257, 258
Lewes, 222
Lewis Carrol, 83
leyes de potencia, 33, 243
LEYES DE POTENCIA, 233
libres de escala, 108, 112, 244, 300
Libres de Escala, 109, 110, 112, 113
LÍMITES, 233
Lindberg, 64, 76, 80, 81, 160, 162, 163, 192, 238, 301
Lingüística, 39, 41
Lofti Zadeh, 235
LÓGICA DIFUSA, 234
London School of Economics, 46
Lorente de No, 35
Lorenz, 54
Łukasiewicz, 235
Lutwidge Dogson, 83
Magee, 23, 290, 291
Mandelbrot, 118, 119, 120, 228

matemáticas, 20, 24, 29, 35, 52, 116, 238, 264
Maturana, 213
McCarthy, 230, 291
McCulloch, 35
McDaniel, Jr, 143, 149, 292
mecánica estadística, 32
medicina, 30, 39, 116, 294
Merton, 151, 153, 292
México, 31, 41, 42, 273, 289, 291, 303
Milgram, 91, 99, 107, 301
MINERÍA DE DATOS, 235
Mitleton-Kelly, 23, 43, 47, 62, 63, 71, 292
MODELOS BASADOS EN AGENTES, 236
monitoreo, 177, 179, 180
Montuori, 123
Morgan, 161, 162, 223, 293
Morgenstern, 257

múltiples dimensiones, 170, 189
MÚLTIPLES DIMENSIONES, 188
múltiples perspectivas, 166, 170, 189
MÚLTIPLES PERSPECTIVAS, 188
Multiversidad Mundo Real, 42, 293
mutualidad, 92
neguentropía, 129, 130
neurobiología, 35, 258
neurociencia, 24, 97, 215
New England Complex Systems Institute, 31, 280
NO LINEALIDAD, 51, 254
nodos, 44, 45, 89, 90, 91, 92, 93, 94, 100, 101, 104, 106, 109, 110, 111, 113, 243, 257
NOVEDAD, 236
Número Bacon, 103
oceanografía, 24
orden, 22, 29, 33, 46, 64, 65, 66, 75, 77, 85, 91, 131, 133, 137, 138, 139, 140, 143, 214, 219, 227, 249, 251, 289
Orden, 124, 126, 130, 138
paisajes de adecuación, 33
Paradoja, 159, 166, 237
paradojas, 17, 19, 124, 144, 159, 160, 162, 164, 170, 175, 238
PARADOJAS, 159, 175, 237
PARÁMETRO LAMBDA, 239
PARÁMETROS, 238, 239
patrones, 17, 36, 48, 49, 51, 53, 66, 67, 69, 76, 93, 115, 116, 117, 120, 170, 173, 180, 192, 201, 212, 213, 221, 228, 235, 236, 240, 244, 245, 255, 267
Patrones, 114
PATRONES, 115, 180
Pauli, 249
pensamiento complejo, 17, 42, 123,

127, 208, 291, 293, 294
Pensamiento Complejo, 16, 18, 35, 41, 42, 122, 123, 124, 125, 127, 128, 137, 138, 207, 275, 278
PENSAMIENTO COMPLEJO, 123, 126
Per Bak, 218
Percolación, 104, 105, 261
Pierre Fatou, 119
Pitts, 35
Planificación Adaptativa, 193
Planificación Estratégica, 193
planificación urbana, 39
Plsek, 25, 64, 76, 80, 81, 160, 162, 163, 192, 238, 294, 301
Poincaré, 152
Premio Nobel, 5, 22, 23, 29, 64, 249
Prigogine, 29, 77, 80, 227, 253

Principio de la Recursividad Organizacional, 126
PRINCIPIO DE PARETO, 239
Principio Dialógico, 126
principio esclavizante, 251
Principio Hologramático, 127
problema de los tres cuerpos, 32
PROCESOS DE RESPUESTA COMPLEJA, 240
Propincuidad, 90
PRUEBE, 181
psicología, 20, 30, 116, 215
Psicología, 205, 241, 242, 257
PSICOLOGÍA EVOLUTIVA, 241
Pumain, 40
punto de inflexión, 93
química, 20, 23, 116
RAE, 159, 165, 237
Ralph H. Abraham, 34
Ramalingan, 45, 51, 57, 61, 72, 78, 79, 294

Reaplicación, 183
Reba, 45, 51, 57, 61, 72, 79, 294
reciprocidad, 92
Recursividad, 125, 126
RED, 243
Red Aleatoria, 111
Red Libre de Escala, 111, 112
redes, 17, 38, 39, 57, 80, 86, 87, 88, 89, 90, 91, 94, 96, 97, 100, 102, 104, 105, 106, 108, 110, 112, 113, 177, 213, 243, 257, 258, 274, 285
Redes, 38, 44, 45, 87, 99, 100, 101, 103, 104, 105, 106, 107, 109, 112, 113, 276, 300
REDES, 86, 244, 257
Redes de Mundo Pequeño, 99, 103, 105, 106
REDUNDANCIA, 245
Reed-Tsochas, 108, 109, 298
resiliencia, 39, 149
RESILIENCIA, 245
Retrato de Fase, 66

RETRATO FASE, 245
retroalimentación, 33, 47, 48, 49, 65, 77, 81, 191, 214, 220, 232, 246
Retroalimentación, 48, 74
RETROALIMENTACIÓN, 47, 246
Revolución, 182
ROBUSTEZ, 246
Rosenblueth, 35
Ross Ashby, 74
Santa Fe Institute, 37, 209, 280, 296
Sara Ross, 166
Schwartz, 172, 173, 266, 296
seis grados de separación, 91, 100
Seis grados de separación, 243
Senge, 246
sensemaking, 168
sensibilidad a las condiciones iniciales, 33, 54, 55, 214, 220
SENSIBILIDAD A LAS CONDICIONES INICIALES, 54, 247

SERIES DE TIEMPO, 247
Sexting, 96
Shan, Y, 201
Shannon, 35, 258, 259, 260, 296
SIMBIOGÉNESIS, 247
simbiosis, 247
similitud estructural, 93
Simon, 23, 296, 298
simulación en computadoras, 23
sincronicidad, 248, 249
SINCRONICIDAD, 248
Sincronismo, 248
SINCRONIZACIÓN, 250
sinergética, 32
Sinergética, 80, 227, 250, 251
SINERGÉTICA, 250
Síntesis, 182, 255
SISTEMA, 251, 252, 253, 254
sistema complejo, 23, 27, 45, 46, 51, 56, 60, 76, 80, 117, 169, 170, 171, 175, 179, 212, 253

Sistema Complejo Adaptativo, 25, 26, 70, 73, 192
Sistemas, 25, 27, 31, 32, 34, 35, 37, 38, 39, 40, 41, 44, 46, 47, 51, 52, 53, 54, 58, 69, 72, 74, 77, 79, 115, 144, 160, 166, 169, 184, 188, 191, 193, 196, 198, 205, 209, 220, 238, 262, 263, 276, 277, 278, 301
sistemas complejos, 16, 17, 21, 23, 29, 37, 40, 42, 43, 49, 56, 57, 65, 71, 81, 83, 85, 114, 116, 123, 146, 149, 159, 170, 181, 201, 210, 214, 216, 217, 218, 232, 256, 267
Sistemas Complejos Adaptativos, 27, 47, 51, 54, 58, 69, 72, 74, 77, 79, 115, 144, 184, 191, 193, 198, 220
Sistemas Lineales, 52
Sistemas No-lineales, 52, 53

Sociedad Europea de Sistemas Complejos, 38
Sociobiología, 255, 300
SOCIOBIOLOGÍA, 255
socio-céntricas, 89
sociología, 20, 106
Sociología, 205, 258
sorpresa, 17, 20, 143, 147, 148, 256, 286, 297, 304
SORPRESA, 147, 256
sostenibilidad, 39
Stacey, 240
Stanley, 40, 91, 99, 301
Strogatz, 100, 101, 298
superconectores, 107
SWARMWARE, 256
TEORÍA DE GRAFOS, 257
teoría de juegos, 39, 257
TEORÍA DE JUEGOS, 257
TEORÍA DE LA PERCOLACIÓN, 260
teoría de las catástrofes, 33

TEORÍA DE LAS CATÁSTROFES, 262
TEORÍA GENERAL DE SISTEMAS, 262
Tercero Talavera, 1, 4, 18, 32, 117, 159, 297, 303
Termodinámica de no equilibrio, 263
termodinámica no lineal, 32
Thom, 262
Thompson, 83, 84, 266, 297
tipping point, 93
Tom Murray, 166
TOPOLOGÍA, 264
transdisciplinaridad, 40
TRANSDISCIPLINARIEDAD, 265
Turocy, 257, 297
UNESCO, 40
Universidad de California en San Diego, 260
Universidad de Cornell, 100
Universidad de Harvard, 99

Universidad de Notre Dame, **109**
Université Libre de Bruxelles, **231**
Uzzi, **108, 109, 298**
valor, **105, 154, 172, 179, 211, 212, 228, 234, 237, 266**
Valores, **170, 171, 172**
VALORES, **171, 266**
Varela, **213**
VICA, 175
vida artificial, **34, 45, 78, 80, 267**
VIDA ARTIFICIAL, 267
Volatilidad, **175, 176**
VOLATILIDAD, 268
von Bertalanffy, **35, 263**
von Foerster, **75, 77**
von Neumann, **35, 129, 131, 212, 257**
von Stengel, **257, 297**
VUCA, **175**

Walch, **169, 177, 290**
Waldrop, **44, 45, 54, 298**
Watts, **100, 101, 298**
Weaver, **30, 31, 298**
Weick, **168, 298**
Weiler, **85**
Wheatley, **58, 166, 298**
Wiener, **35, 131, 215**
Wikipedia, **34, 48, 50, 55, 85, 99, 106, 110, 113, 114, 120, 173, 185, 216, 222, 231, 235, 250, 255, 259, 263, 265, 299, 300, 301**
Wilfredo Pareto, **239**
Wilson, **255**
Wolf, **225, 226, 301**
WORLDWIDEWEBSIZE.COM, **215**
Young, **45, 51, 57, 61, 72, 79, 294**
Zimmerman, **64, 76, 80, 81, 160, 162, 163, 192, 238, 301**

www.ingramcontent.com/pod-product-compliance
Lightning Source LLC
Chambersburg PA
CBHW070223190526
45169CB00001B/54